地域共生社会と人間

地域発展・観光振興・食文化

澁澤健太郎
伊 藤 昭 浩
諸 伏 雅 代
共 著

時 潮 社

はじめに

2016年、夏、オーストリアの首都、ウイーンの街角でふと歩行者用信号機に目をとめた。二人の人間が手を繋いで歩く表示が出ている。赤信号では同様に二人の人間が、立ち止まる。これは同姓カップルを表現したもので、重要なLGBTQの人権尊重の姿勢をうかがえる。翻って我が国を見れば2023年２月に起きた首相秘書官の差別発言がある。上述したオーストリアと比較すると多様性に関しての理解度や感性はあまりにも差異があるように思われる。こうした旧来型の思考は、狭く柔軟性に乏しい排他的なシステムやルールを構築する。日本の国際競争力の低下の一因ともされる。

地域共生という考え方は、今に始まったことではなく日本の長い歴史の中で根づいてきた重要なシステムであるといえる。しかし、高度経済成長後の低迷期に崩壊した感がある。現代の多くの課題が「地域共生」によって解決する糸口になると考えられる。本書では「地域共生社会と人間」をテーマにそれぞれの研究者が、自身の専門分野を軸に事例を取り上げて書いている。

筆者を代表して　　　　　　　　　　　澁澤健太郎

地域共生社会と人間

目　次

地域社会と観光　　伊藤昭浩

—愛知県名古屋市の地域活性化策を事例に—

地域社会と食　　諸伏雅代

地域共生社会とドローン利用　**澁澤健太郎**

地域発展とIRの関係

澁澤健太郎

序章

地域共生社会とは制度や分野ごとの「縦割り」や「支え手」「受け手」という関係を超えて地域住民や地域の多様な主体が参画し、人と人、人と資源が世代を超えて繋がることで住民一人ひとりの暮らしと生きがい、地域を共に創っていく社会のことである。「地域共生社会と人間」のかかわり方として筆者はIR（Integrated Resort）に焦点を当てた。財政的な問題からIRの経済効果に期待し、年月をかけて準備してきた各地方自治体が複数、IR推進を取りやめた。この要因の中に上述した地域共生社会の活性化を拒む要因が多く存在すると考えたからである。しかしながら地方自治体の多くは、未だ財政不安を抱えており、人口減少や高齢化の中で新たな地域共生社会の活性化を目指す必要があるのではないだろうか。

カジノを含む統合型リゾート（IR）法案は、2018年７月20日、午後の参院本会議で、与党と日本維新の会などの賛成多数で可決、成立した。IR整備を行う区域数は当面、全国３か所までとする。ギャンブル依存症の対策として、日本人客の入場回数は週３回、月10日に限るほか、１日あたり6,000円の入場料を取ることとした。IR施設はカジノのほか、国際会議場展示施設、宿泊施設などを併せ持つ。区域数は最初の区域設定から7年後に見直せるようにする。すでに複数の地方自治体が誘致を表明しており、IRを設置するには立地する自治体の同意を得ることも条件とした。国会でのIRをめぐる議論の中、野党の議員から「カジノ抜きのIRではだめなのですか？」といった質問があったが、そもそもカジノ抜きのIRなら法案を審議する必要すらない。この法案で期待されているのは「カジノ」であることは間違いない。

IR施設内延べ床面積のわずか3％以内に許される「カジノ」がもたらす経済効果は莫大である。財政的に疲弊する地方自治体にとっての期待値は非常に大きなものがある。先進国の大半の国にカジノは存在する。ギャンブル依存症で反対論を声高に述べる人を多く見かけるが、日本にはパチンコをはじめギャンブルは多数存在する。なぜ「カジノ」にここまで執拗な反対論や行動が起きるのだろうか。この背景には単純な文化論で整理することのできない理由が存在する。

多額の資金と時間を要して準備していた横浜市では誘致反対を掲げる市長の当選により計画は頓挫、県議会で否決された和歌山県、IR開業会場として予定しているハウステンボス売却に伴う長崎県の今後、大阪万博後から数年後のIR開業を進める大阪市。

これらのIRをめぐる経緯は、地域社会と人の関わりの本質を浮き上がらせる。筆者は本書で取り上げている4地方自治体の

IR推進課をすべて訪問し、担当部署の幹部の方々と質疑を繰り返してきた経験を有しており、かつ日本では稀なことになるが、当該議事録を許可を得て所属する大学の付置研究所（東洋大学現代社会総合研究所）のサイトで公開している（各自治体のIR推進局が教育上有為と判断し、首長の許可を得て公開していただいたことをここにあらためて高く評価したい）。

第1章 地域社会とIR推進

1．IR推進法

IR推進法とは、正式名称を「特定複合観光施設区域の整備の推進に関する法律」といい、議員立法として、2016年12月に公布・施行された。IRとは統合型リゾートを指す「Integrated Resort」の略であり、カジノを中心に、宿泊施設、劇場、映画館、アミューズメントパーク、ショッピングモール、レストラン、スポーツ施設、スパなどの温浴施設、国際会議場・展示施設といったいわゆるMICE施設などを一区画に含んだ複合観光集客施設のことである。MICEとは、Meeting（企業会議）、Incentive（報奨旅行・行事）、Convention（国際会議）、Exhibition／Event（見本市・展示会／スポーツ・文化イベント）の頭文字を使った造語で、これらのビジネスイベントの総称である[1]。IR推進法の目的は、「第一条　この法律は、特定複合観光施設区域の整備の推進が、観光及び地域経済の振興に寄与するとともに、財政の改善に資するものであることに鑑み、特定複合観光施設区域の整備の推進に関する基本理念及び基本方針その他の基本となる事項を定めるとともに、特定複合観光施設区域整備推進本部を設置することにより、これを総合的かつ集中的に行うことを目的とする[2]」である。このように、IRをつくることによって観光客を呼び込み、財政難を改善させることが目的となっている。基本理念には、「第三条　特定複合観光施設区域の整備の推進は、地域の創意工夫及び民間の活力を生かした国際競争力の高い魅力ある滞在型観光を実現し、地域経済の振興に寄与するとともに、適切な国の監視及び管理の下で運営される健全なカジノ施設の収益が社会に還元されることを基本として行われるものとする[3]」とあり、カジノ施設を適切に運用し、その収益が社会に貢献することを基本とすると記載されている。

第2章 IR推進における立候補地

1．横浜市IR

横浜市は、IR事業によって「観光の振興」「地域経済の振興」「財政の改善への貢献」などのこれまでにない経済的社会的効果が見込まれ、市が抱える諸課題の有効な対応策になり得ると考え、誘致を決断し、表明した。

まず、横浜市がIR誘致を表明した理由のひとつである市の財政状況について述べる。横浜市の15〜64歳のいわゆる生産年齢人口は2020年、235万人となっている。この数値は2065年には73万人減の162万人と、今後減少していくことが予想されている。これにより、横浜市の基幹税目である個人市民税が減収に、また、人口減少が家屋の新増築の動きなどにも影響すると固定資産税も減収が予想され、今後の市税収入は図表１－１のように年々減少していくという長期推計がなされている。

図表１－１　市税収入の長期推計

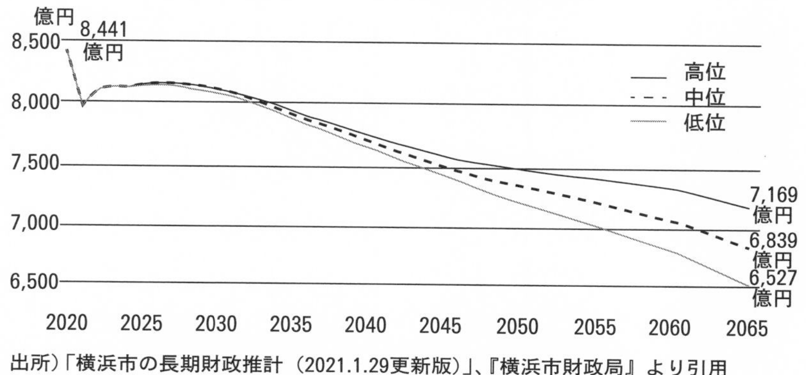

出所）「横浜市の長期財政推計（2021.1.29更新版）」、『横浜市財政局』より引用

実際に、横浜市の2021年度一般会計決算の概要８より、市税の決算額は新型コロナウイルス感染拡大による経済の影響なども受け、2020年から２年連続で減収傾向にあることがわかる。生産年齢人口が関係する個人税だけで見ても、2021年は23億円の減収であった。

一方で、2065年の老年人口は14万人増加の108万人と見込まれており、図表１－２からもわかる通り、社会補償経費の増加は確実である。また、老朽化が進む市立学校・市営住宅の建替えや、ごみ焼却施設の更新など公共施設の保全・更新への対応も必須であり、財政需要は増大している。

図表1－2　横浜市社会保障費の長期推計

	2020	2025	2030	2035	2040	2045	2050	2055	2060	2065
高位	6,311	7,057	7,605	8,126	8,553	8,639	8,704	8,774	8,831	8,820
中位	6,311	6,884	7,228	7,628	7,950	8,005	7,969	7,861	7,747	7,635
低位	6,311	6,705	6,866	7,148	7,148	7,396	7,294	7,069	6,834	6,636

出所)「横浜市の長期財政推計（2021.1.29 更新版）」、『横浜市財政局』より著者作成

横浜市はこれまで、保有土地の売却収入や基金の取崩し、財源の年度間調節額の確保により、一般財源を臨時的に賄いながら、毎年度の財源収支の均衡を図ってきたものの、売却可能用地や財政調整基金残高の減少等により、今後は臨時的な財源に頼ることが難しい状況となってきており、未来の財政を支える財源が必要となる。

また、横浜市の観光についても問題がある。図表1－3にもある通り、横浜市は日帰り観光客の割合が高くなっている。

図表1－３　日本人観光客における日帰り観光客と宿泊観光客の割合推移

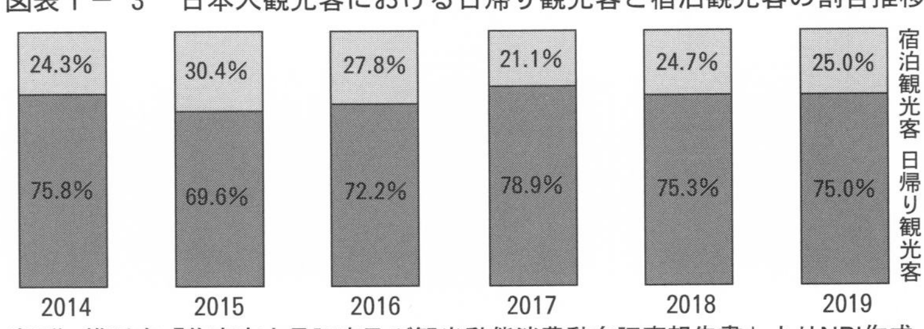

出所）横浜市「集客実人員調査及び観光動態消費動向調査報告書」よりNRI作成

図表１－４　各都市の宿泊施設数とランク別ホテル数

「令和２年度横浜市観光・MICE戦略の策定に向けた調査結果（概要版）」、
『横浜市文化観光局観光振興課』参照

都市名	宿泊施設数*	ランク別ホテル数**	
		５つ星	４つ星
横浜市	223	9	6
神奈川県	1,341	18	84
東京都	2,435	59	283
大阪市	887	31	179
京都市	624	91	288

出所）厚生労働省「衛生行政報告例／平成30年度衛生行政報告例」、
Booking.comよりNRI作成
*宿泊施設数は衛生行政報告例におけるホテル・旅館の合計値である。
**2021年２月25日時点のBooking.com

横浜市は東京に近く、交通の便も比較的良いため、日帰り観光が多いのではないかと考えられる。これは図表１－４からもわかるように宿泊施設の少なさにもあらわれている。

また、図表１－５からもわかる通り、他都市に比べ横浜市は観光資源が少ないという現状にある。

図表１－５　観光資源（定量分析）
観光資源台帳

都市名	観光資源の数				観光資源（内訳）				
		S	A	B	自然	歴史	文化	街並み	施設
横浜市	18	0	1	17	6％	11%	17%	11%	56%
神奈川県	69	0	7	62	12%	35%	16%	9％	29%
東京都	180	8	27	145	15%	14%	18%	18%	35%
大阪市	37	0	10	27	5％	19%	35%	11%	30%
京都市	151	9	27	115	5％	53%	25%	10%	8％

S…日本を代表する資源であり、世界に誇示しうるもの。
A…S級に準じ、日本を代表する資源であり、日本のイメージの基調となるもの。
B…その都道府県や市町村を代表する資源であり、その土地を訪れた際にはぜひ立ち寄りたいもの。

出所）日本交通公社Webサイト掲載の「観光資源台帳（評価は2017年７月時点）」
よりNRI作成（2021年２月アクセス）

ミシュラン・グリーンガイド

都市名	街の魅力	観光資源の数					観光資源（内訳）			
			★★★	★★	★	-	自然	歴史遺産	芸術文化	娯楽
横浜エリア	★	5	0	4	0	1	1	3	2	0
神奈川エリア*	-**	22	1	1	3	1	5	14	14	0
東京エリア	★★★	65	6	6	17	6	6	40	35	0
大阪エリア	★★	19	4	4	8	0	5	11	9	1
京都エリア	★★★	34	9	9	14	0	3	27	29	0

★★★「わざわざ旅行する価値がある」
★★「寄道する価値がある」
★「興味深い」
出所）Michelin「ミシュラン・グリーンガイド」公式WebサイトよりNRI作成（2020年10月アクセス）
*ミシュラン・グリーンガイドの横浜、鎌倉、箱根を合算。
**鎌倉は★★★の評価を受けている。

日帰り観光客は宿泊観光客よりも観光消費額が非常に少なくなってしまう。さらに、少ない観光資源では日帰り観光で十分だと考える観光客も多い。したがって、５つ星ホテルなどの宿泊施設や、多くの商業施設を併設するIR施設は観光の振興に寄与するといえる。

横浜市は2019年10月から2020年６月の間、約47ヘクタールの面積をもつ山下ふ頭を設置予定地として、横浜でIRを実施するにあたってのコンセプト提案を募集した。その結果、事業者から示された効果について、市と委託先である監査法人においてヒアリングなどを行い、根拠に基づいて算定されたものであることを確認したうえで、下限・上限という形でまとめた。

図表１－６　MICE施設・宿泊施設構想

展示場	60,000㎡～120,000㎡
会議室収容人数	4,000人～20,000人
宿泊施設規模	約160,000㎡～約750,000㎡
客室数	約2,500室～約5,200室

出所）「横浜IRの誘致に係る取組の振り返り（中間報告）」、『横浜市』より著者作成

図表１－７　予想経済効果

【観光の振興】	インバウンドを含むIRへの訪問者数	2,100万人～3,900万人／年（国内観光客割合：67％～80％）
	IR区域内での消費額	4,900億円～6,900億円／年
【地域経済の振興】	経済波及効果（間接効果含む）※１	建設時：１兆1,000億円～１兆6,000億円
		運営時：7,400億円～9,700億円／年
	雇用創出効果（間接効果含む）※１	運営時：91,000人～119,000人
【財政改善への貢献】	地方自治体の増収効果※２	860億円～1,000億円／年（カジノ納付金収入、入場料収入、法人市民税、固定資産税、都市計画税）

※１：事業者から情報提供された「建設費等の初期投資額」や「IR区域内での消費額（年間売上）」の数値を基に、平成23年横浜市産業連関表を用いて委託先である監査法人が整理したもの。
※２：事業者から情報提供された「GGR」、「ゲーミングへの日本人等入場者数」、「整備コスト」、「損益予測」等を基に委託先である監査法人が整理したもの。
出所）「横浜IRの誘致に係る取組の振り返り（中間報告）」、『横浜市』より著者作成

図表１－６、１－７は横浜市が作成した「横浜IRの誘致に係る取組の振り返り（中間報告）」を参照し、著者が作成した

ものである。特に図表１－７の予想経済効果は、みなとみらい地区の建設を参考にしたい。1983年度から2016年の33年にわたって行われた、1.86平方キロメートル（186ヘクタール）の広さのみなとみらい地区の建設による経済波及効果の累計が約２兆8,827億円だったことを踏まえると、持続するIR事業が横浜の財政にとって重要であることは一目瞭然である。横浜市は以上のように施設構想と経済効果を予想したが、計画が白紙になった今となっては、実際にどのような経済効果が生まれたかは不明である。

横浜市はなぜ撤退を余儀なくされたのか。その原因の１つは市民の誘致反対運動にある。横浜市の市民運動は、横浜市従業員労働組合や「カジノの是非を決める横浜市民の会」改め「カジノ反対の市長を誕生させる横浜市民の会」(現在は「市民のための横浜市政を進める会」に再編・継承)、また、ハマのドンと呼ばれる藤木幸夫氏が会長を務めた横浜港運協会などさまざまな立場から行われていた。彼らの誘致反対運動の根拠は一体何だったのだろうか。

まず１つ目に挙げられるのは、2021年８月22日の横浜市長選挙まで市長であった、林文子氏のIR計画の進め方にある。市は2013年からIRに関する基礎的な調査に着手し、林氏も誘致を前向きに考えていたことがうかがえるが、2017年に行われた市長選ではIR誘致の白紙を掲げ、３選を果たした。市民はIR誘致の是非を問いかけることを期待し、投票した。しかし、2019年、それを覆し、IR誘致を表明。横浜市の資料によると国の制度設計が明らかになりつつあること、事業者の投資意欲、経済的社会的効果、懸念事項対策などの市における調査の結果等を踏まえ、市の課題解決のためにIRを実現する必要があると判断したとあるが、市民にとっては何の説明もなく選挙での公約が破られたかのように思えたのだろう。

これを受け、カジノ誘致を住民投票で決定することを求める運動と、市長リコール運動が始まった。この２つの市民運動によって、住民投票や市長リコールが実現することはなかったが、新型コロナウイルス感染拡大の影響により、国がIR施設建設候補地の認定申請を延期したことで、2021年の横浜市長選挙が横浜市におけるIR誘致の是非を問う決戦の場となった。

２つ目に挙げられるのがギャンブル依存症への懸念だ。ここでは政財界とのつながりが深い藤木氏の主張を取り上げる。藤木氏は横浜港運協会の会長を務め、横浜市のIR施設建設が予定されていた山下ふ頭の再開発に意欲的な人物だった。IR誘致に対して、2016年10月25日に行った記者会見の際には、「カジノはグローバルなレクリエーション。景観も生かし、世界中からリゾート客が来るようにする」と述べた[4]。

しかし、拡大理事会にて、「カジノは必要ない」と述べ、立場を転換。そこから山下ふ頭の再開発に、カジノなしの構想を述べてきた。その最大の根拠として挙げているのがギャンブル依存症である。ギャンブル依存症の当事者や専門家からさまざまな話を聞いたという藤木氏は、「（カジノは）人に迷惑をかけている。海外では依存症で家庭が崩壊しているどころか、街が死んでいる。ラスベガスに行った友人からは『カジノに大金をつぎ込んだ揚げ句、財産を失って国にも帰れなくなっている高齢者がたくさんいる』と聞いた。日本ではそんなことを誰も報告しない」と述べた。また、市民からも同様の声が多く寄せられていた。

市はIR整備法に基づき、策定する実施方針の参考とするため、「横浜IR（統合型リゾート）の方向性（素案）」を作成し、2020年３月にパブリックコメントを実施していた。その中には「カジノによる依存症やその他の弊害・危惧について、さも大丈夫これだけ対策をとっているから、といっています。しかし、市民の多くが懸念を示し、ギャンブル依存症者も現実にいる中で、さらにその弊害・危惧・不安を増長するカジノをあえて入れる必要はない」「カジノありきの「横浜IRの方向性」（素案）は、カジノ依存症をはじめとして問題山積」「カジノを含む、IRは反対です。山下公園に隣接する土地にギャンブルなど許せません。依存症を増やし、横浜のイメージをそこないます。“カジノの街”横浜にしていいと思ってるのですか。絶対反対です[5]」など、カジノによるギャンブル依存症に対する不安から誘致を反対する声も多く寄せられた。

横浜市は「市は懸念事項対策の強化に徐々に取り組みはじめていたが、具体的な対策が明らかになっている状況ではなく、市民の不安を払拭し、理解を得られるまでには至っていなかった」と振り返り[6]、説明会などの効果はなかったに等しいことがわかる。

２．大阪市IR

大阪府の財政状況について整理する。2020年度普通会計の大阪府の歳入総額は約３兆7,894億円、歳入総額は約３兆7,335億円と、実質収支は350億円の黒字とされている。新型コロナウイルス感染症の影響等により、歳入面では「国庫支出金」が大幅に増加、歳出面では「商工労働費」「福祉費」「健康医療費」が大幅に増加している。財政力指数は0.79であり全国平均を常に上回っている。しかし、直近10年間の地方債残高は約８兆5,000億円であり、決して財源に余裕があるわけではない。経常収支比率は100.8と前年よりも2.3ポイント悪化している[7]。将来的な人口減少に伴う税収の減少と生産年齢人口の負担増加は問題視するべきである。また、公共施設の老朽化も課題として挙げられている。整備から50年経過した公共インフラが大量にあるが、予算やノウハウ不足からどの市町村も手を付けられていない状況である[8]。このような府民にとって必要な施設の維持にも費用がかかることを忘れてはいけない。

図表１－８は大阪府の年齢別人口と高齢化率の推移を示したものである。現在880万人ほどの人口は2045年には760万人まで減少し、１歳から64歳の生産年齢人口の割合は2000年の70％から2045年には53％になるとされている。高齢化率は常に全国平均を下回っているものの年々高くなる推計である。加えて、大阪府では要介護認定率が高いことも課題とされている。全国平

図表１－８ 大阪府の年齢別人口と高齢化率の推移

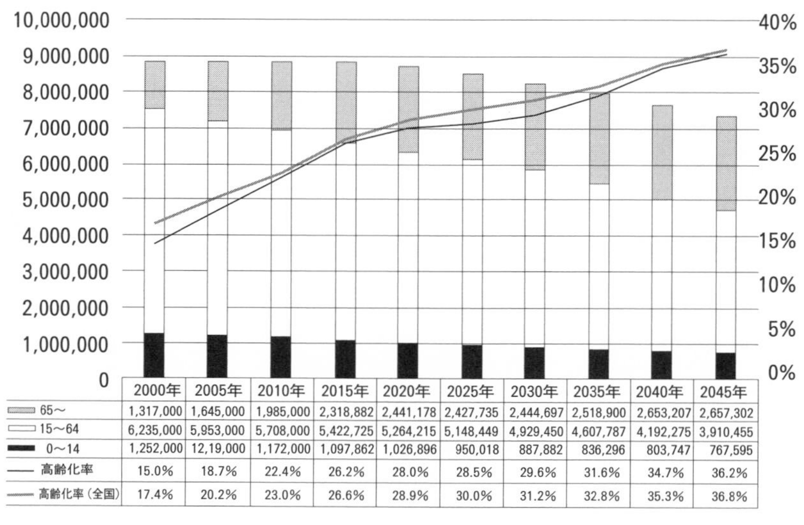

	2000年	2005年	2010年	2015年	2020年	2025年	2030年	2035年	2040年	2045年
65～	1,317,000	1,645,000	1,985,000	2,318,882	2,441,178	2,427,735	2,444,697	2,518,900	2,653,207	2,657,302
15～64	6,235,000	5,953,000	5,708,000	5,422,725	5,264,215	5,148,449	4,929,450	4,607,787	4,192,275	3,910,455
0～14	1,252,000	12,19,000	1,172,000	1,097,862	1,026,896	950,018	887,882	836,296	803,747	767,595
高齢化率	15.0%	18.7%	22.4%	26.2%	28.0%	28.5%	29.6%	31.6%	34.7%	36.2%
高齢化率（全国）	17.4%	20.2%	23.0%	26.6%	28.9%	30.0%	31.2%	32.8%	35.3%	36.8%

出所）総務省 国勢調査、国立社会保障・人口問題研究所
「日本の地域別将来推計人口」結果 表１参照 筆者 作成

均が17.9％であるのに対して大阪府は22.4％であり、介護保険の被保険者１人あたりの介護費は最も高額である[9]。

大阪市IRは「世界最高水準の成長型IR」を基本コンセプトに、観光産業を育てることで大阪・関西の持続的な経済成長のエンジンとなること目指している。推進状況は以下の通りである。

2017年４月に大阪府・大阪市共同の内部組織としてIR推進局が設置され、2021年３月に「大阪・夢洲地区特定複合観光施設区域整備実施方針」を確定。同年９月28日の大阪府市IR事業者選定委員会での審査結果を踏まえ、設置運営事業予定者を選定、2022年４月27日に国へ区域整備計画の認定申請を行った。2029

年の秋から冬頃に開業を想定し、準備に取り組んでいる。経済効果については、建設時の経済波及効果を１兆2,400億円、雇用創出効果を7.5万人、運営時の経済波及効果を１年あたり7,600億円、雇用創出効果を１年あたり8.8万人と試算している。また、納付金と入場料による大阪府・市への収入見込みは１年あたり700億円としている。

大阪市は横浜市と同じように県庁所在都市、政令指定都市である。2022年度９月１日の時点での人口は275万6,527人、世帯数は154万3,192世帯であり、政令指定都市で２番目に人口が多い都市である。大阪市でも、少子高齢化によって財政に多くの影響を受けている。大阪市の予算編成方針では、「補塡財源に依存することなく収入の範囲内で予算を組むことを原則とするなど、将来世代に負担を先送りすることのないよう財政健全化への取り組みを進めるとともに、限られた財源のもとでの一層の選択と集中を全市的に進める」[10]としている。

本章では、大阪市の予算や市税収入の面から、現在大阪市が置かれている財政状況や課題について述べる。

図表１－９は大阪市の市税収入の推移を表したものである。大阪市の市税総額は、政令指定都市の中で横浜の次に多い２番目である。横浜市と比べ、大阪市の市税収入の特徴として、法人市民税や固定資産税、都市計画税の割合が高く、個人市民税の割合が少ないことがわかる。

図表１－９　大阪市　市税収入の推移

（億円）

年度	個人市民税	法人市民税	固定資産税 都市計画税	その他の税	合計
1996	1,294	1,643	4,296	543	（ピーク）7,776
2018	1,993	1,388	3,408	585	7,374
2019	2,120	1,499	3,552	590	7,761
2020	2,199	1,094	3,591	562	7,447
2021予	2,097	791	3,673	568	7,119
2022予	2,221	1,103	3,757	572	7,662

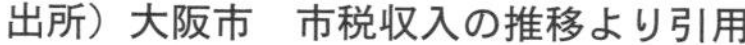

出所）大阪市　市税収入の推移より引用

図表１－10　大阪市性質別支出の推移

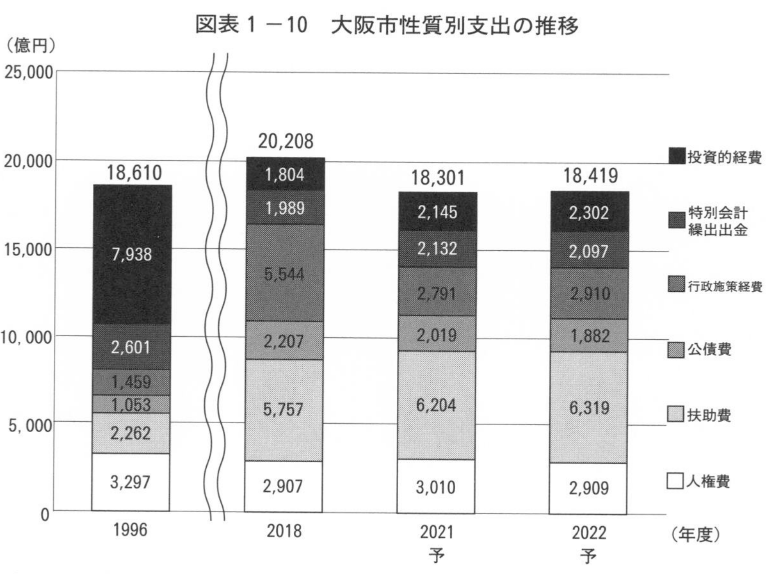

出所）大阪市　市税収入の推移より引用

図表１－11　大阪市　残高の推移

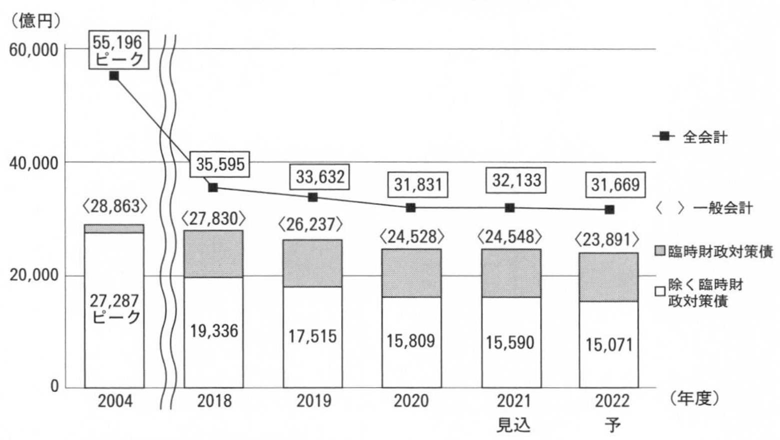

出所）大阪市　市税収入の推移より引用

一方の性質別支出の推移では、市税収入がピークであった1996年度と比較して、扶助費は約2.8倍になっている。扶助費中でも生活保護費が約４割を占めており、大阪市でも高齢化の進展が財政を圧迫していることがわかる。

次に残高の推移である。大阪市はピーク時に比べ、借金の残高を２兆3,527億円減らすことに成功している。近年は、新型コロナウイルスの影響によって減少幅の鈍化が見られるものの、2022年度は昨年度よりも減らすことができる見込みである。予算編成方針にあった、財政の健全化が図られている点は評価できる。

大阪市の財政においても、横浜市と同じように少子高齢化の影響で、社会保障経費等の費用が増加していることがわかった。実際に少子高齢化の影響の影響で経済・市場の規模が縮小傾向にあり、これまでのものづくり企業が集積し、製造業が経済の中心を担っていた大阪が、卸・小売業も停滞している状況である。しかし近年では、2025年に開催される国際博覧会の開催都市に選ばれ、2022年度市政運営基本方針では、経済成長に向けた戦略の中で、2025年日本国際博覧会の開催準備と世界最高水準の成長型IRについて触れるなど、観光面に着目していることがうかがえる。本節では、人口、産業、観光についての課題点について述べていく。

日本全国で人口減少が進む中、大阪府の人口は、2018年度から2040年度の22年間で約12%の減少となる見込みである。また、65歳以上の高齢者が占める割合は2015年度で26.2%であり、2040年度には34.5%となる見込みとなっている。

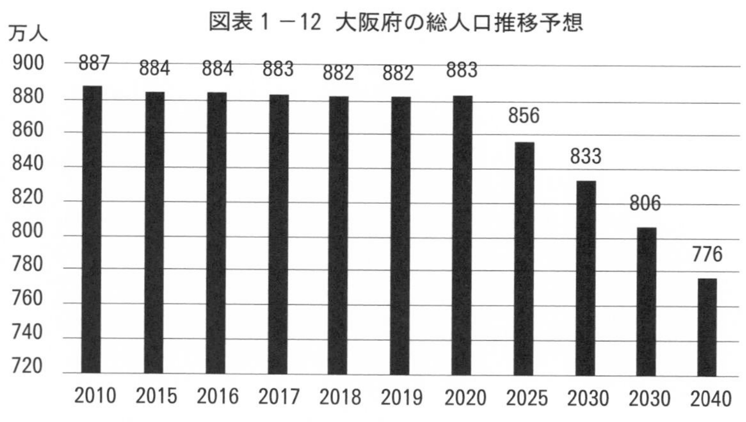

出所）大阪IR基本構想資料より筆者編集

図表１－13 大阪市年齢別推計人口

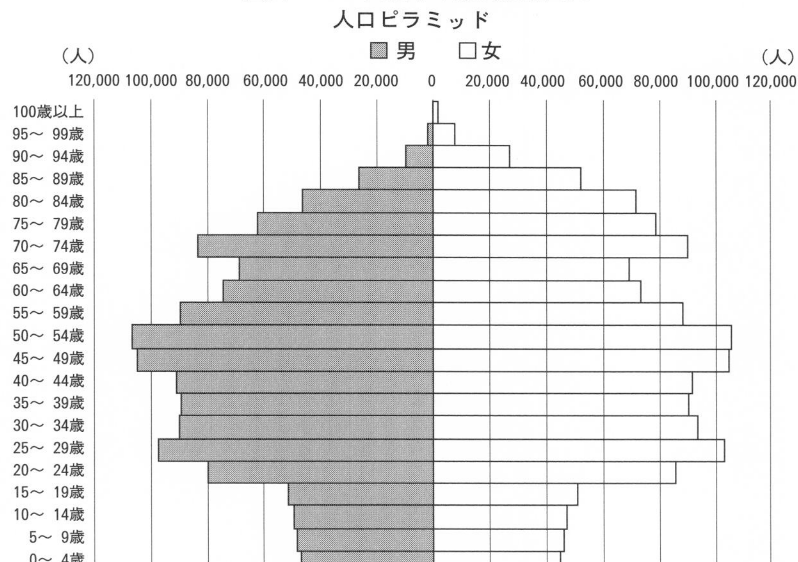

出所）大阪市　年齢別推計人口より引用

図表１－13は大阪市の人口ピラミッドの図である。生産年齢人口である50～54歳が一番多く、次に45～49歳、３番目に25～29歳になっている。一方で24歳以下の年齢は急激に減っており、大阪市でも少子高齢化が進み、人口が減少傾向になっていることがわかる。

このように大阪府・市でも横浜市と同じように人口減少・高齢化が問題となっている。少子高齢化社会の進展は需要・労働力の減少が見込まれ、大阪の市場規模にも影響を表す。企業数が多い大阪では、いかに生産年齢人口の層を集められるかが今後の課題となるだろう。

3．長崎県IR

2020年度普通会計の長崎県の歳入総額は約8,037億円、歳入総額は約7,851億円で、実質収支は約９億7,500万円の黒字とされている。しかし、財政力指数は全国41位の0.348、経常収支比率は全国で38位の96.6％と、他の都道府県と比較しても財政状況が悪いといえる。県債残高は１兆2,000億円程度で推移している。この金額は、歳入規模に３兆円ほど差がある大阪府と同じくらいであり、非常に多くの県債を抱えていることがわかる。長崎県の財政構造は、県税などの自主財源が少なく、国庫補助金や地方交付税への依存度が高い[11]。

図表１－14は、長崎県の年齢別人口と高齢化率の推移を示したものだ。総人口の減少に加えて高齢化率が増加していることがわかる。全国の高齢化率と比較しても常に３％から５％程度高い値で推移しており、他の地域よりも問題が深刻であることがうかがえる。また、長崎県の人口減少について、自然減少よりも社会減少の方が深刻だと考えられる。2021年の長崎県全体の社会増減数は、6,625人の減少だった。比率で表すとマイナス0.51％であり、前年のマイナス0.48％と比べると、減少率は0.03ポイント大きくなった。特に2021年の転出超過が2,194人であった長崎市は、市区町村別でみると２年連続で全国で２番目に多かった[12]。一方、長崎県の合計特殊出生率は1.64である。同年の全国の値は1.33であるため、他の都道府県よりは高い。しか

図表１－14　長崎県の年齢別人口と高齢化率の推移

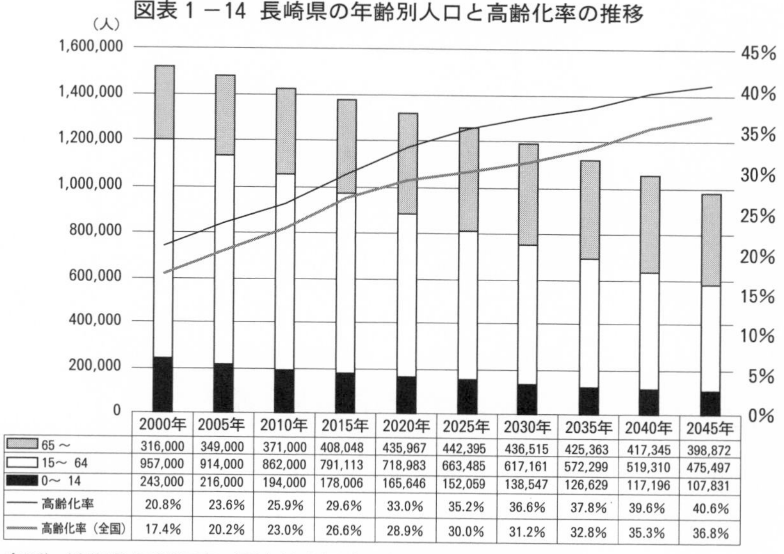

	2000年	2005年	2010年	2015年	2020年	2025年	2030年	2035年	2040年	2045年
65～	316,000	349,000	371,000	408,048	435,967	442,395	436,515	425,363	417,345	398,872
15～ 64	957,000	914,000	862,000	791,113	718,983	663,485	617,161	572,299	519,310	475,497
0～ 14	243,000	216,000	194,000	178,006	165,646	152,059	138,547	126,629	117,196	107,831
高齢化率	20.8%	23.6%	25.9%	29.6%	33.0%	35.2%	36.6%	37.8%	39.6%	40.6%
高齢化率（全国）	17.4%	20.2%	23.0%	26.6%	28.9%	30.0%	31.2%	32.8%	35.3%	36.8%

出所）総務省 国勢調査、国立社会保障・人口問題研究所
『日本の地域別将来推計人口』結果表１参照筆者作成

し、人口を維持する基準といわれる2.07%にはほど遠い。以上のように人口減少と少子高齢化が進んだ結果、長崎県では産業の後継者不足や空き家問題が加速し、地域が既に衰退し始めている。特に、長崎県に多い離島ではより顕著に問題が深刻化している。

九州・長崎IRは「Accept, Devise, Creation～様々な文化を受け入れ融合し、新しい価値を生み出す街～」をコンセプトとしており、「観光先進国」「地方創生」の実現と国境離島地域や伝統文化の保存、環境保全など我が国の持続的な発展への貢献を目指している。

2022年４月27日に区域整備計画の認定申請を済ませており、

現在は国土交通大臣から認定・公示されるのを待っている。無事認定され実施協定を締結させることができれば、2023年頃に着工、最短で2027年に開業させる見込みである。経済効果については、建設時の経済波及効果を5,428億円、雇用創出効果を約3.2万人、運営時の経済波及効果を1年あたり3,328億円、雇用創出効果を1年あたり約3万人と試算している。また、納付金と入場料による収入見込みは1年あたり391億円としている。[13]

2022年、長崎県IRの施設予定地であるハウステンボスの売却が決定されたことが報じられている。唐突な外資企業への売却は、県民に対してより丁寧な説明が必要になろう。それができなければいずれIRへの不信感を増大させ横浜、和歌山の二の舞になる可能性があると筆者は危惧している。

4. 和歌山県IR

和歌山県の人口推移をみると全体の人口が減少しているだけでなく、高齢化が進展していることが顕著である。

このような状況に鑑みて、和歌山県は「多種多様な観光資源を背景にしたリゾート型IR」をコンセプトに、2018年5月に「和歌山IR基本構想」を策定した。2021年8月には優先権者であるクレアベストニームベンチャーズ株式会社およびClairvest Group Inc.のコンソーシアムと基本協定を締結していた。しかし、2022年4月に和歌山県議会において賛成18反対22で否決され、IR誘致活動からの撤退が決まった。表面的な理由は資金

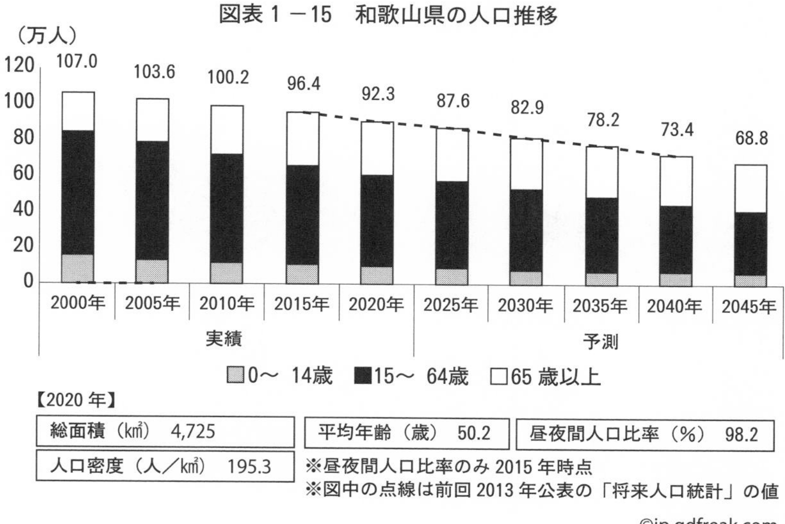

出所）総務省 国勢調査及び国立社会保障・人口問題研究所 将来推計人口

調達計画が不明確であったことだ。具体的には、クレアベストニームベンチャーズが融資を担う金融大手クレディ・スイスから融資確約書を得ていないこと、融資する銀行に含むとする邦銀の名前を県が明確にしなかったこと等が挙げられている[14]。経済効果については、建設投資額約2,800億円、運営時の経済波及効果を１年あたり約3,000億円、雇用創出効果を１年あたり約２万人、カジノ運営に係る納付金と入場料による収入見込みは１年あたり283億円と試算していた。

和歌山IRは和歌山県和歌山市毛見字馬瀬にある人口島である和歌山マリーナシティに2022年秋頃に開業予定だった。IR予定区は和歌山マリーナシティの南側部分でありIRの規模としては、シンガポールIRのひとつであるマリーナベイ・サンズと同等の規模であった。また、この和歌山マリーナシティという人工島は全域整地造成済みであることから、他のIR候補地よりもすぐに施設の建設に動き出せるというポテンシャルを持っており、この利点を生かした日本で最初のIR開業を目指していた。

IR事業の要である事業運営は、北米を中心にカジノ事業への投資で成功を収めているIR投資会社であるクレアベストグループ（Clairvest Group Inc.）と同グループの日本法人であるクレアベストニームベンチャーズ（CNV）、そしてアメリカを中心に50施設以上のリゾート運営実績やリゾート産業およびゲーミング産業で有名なブランドであるシーザーズ・エンターテインメントの３社を中核株主として設立された『和歌山IR株式会社』[15]が担うことになっていた。

和歌山IRのテーマは『和歌山の自然資源と世界最先端のテクノロジーの融合』であり、そのテーマに基づくコンセプトとして潜在体験を通じて、心身ともにエネルギーをチャージし、より自分が好きになるウェルビーイング観光を推進するIR『Sports＆Wellness』、世界にまだ知られていない日本の魅力を広めて来訪の好循環を創出するIR『Undiscovered Japan』、最先端技術を利用した利便性と循環型社会への貢献を両立させ、地域・人ともに成長を続けるIR『Sustainability』[16]という３つのコンセプトを掲げていた。

また、このIRのテーマおよびコンセプトは、和歌山IRと同じ背景を複数持つ海に面した人工島のリゾート型IRがあるシンガポールIRに則った面があり、そこに和歌山IRならではの独自性を加えたものとなっている。上述したテーマとコンセプトから和歌山IRの姿としては、海を利用したマリンスポーツやVR技術といった最先端技術を利用したe-sportを楽しめ、温泉や高野山といった和歌山県が保有する多種多様な観光資源を満喫できるIRを目指していた。そのため、和歌山IR内の施設としては6,000人以上を収容できる国際的な会議・学会を可能とする国際会議場や世界的なスポーツ大会・ライブイベントを可能とする多目的アリーナ展示場を合わせたMICE施設を組み込んだ。カジノ施設、宿泊施設だけではなく、日本および和歌山県の魅力をIRの主要ターゲット層である外国人に紹介する日本文化である縁日を模した施設や日本および和歌山県の伝統工芸品や名産品、和食といった日本の伝統文化を味わえる施設等が計画されていた。また、上述した日本の魅力を伝える施設を利用した常設的な伝統舞踊等を経験できる講演等も催される予定だった。

最先端技術の導入という面では、AIやICTを用いた100ヶ国以上の言語に対応する外国人向けの多言語対応サービスやICT技術等の最先端技術から円滑に特定の施設・IR施設外の観光地に向かうことを可能とする観光客向けの交通サービス、美容をテーマとした先端再生医療技術による健康寿命を延ばすことに注力した最先端医療施設等といった多様な最先端技術の姿が和歌山IRの施設内にあった。

一方、環境への配慮という面では、IR施設整備時における試みとして建設資材の再利用や再資源化をしやすい建築資材を利用して廃棄物の排出量削減や温室効果ガスの排出量が少ない低公害車の工事車両を利用するといった手段が見込まれていた。また、IR運営後も環境への配慮は徹底しており、IR施設屋上に太陽光発電設備の設置運用並びにその他の再生可能エネルギーの導入や施設内の交通手段として低炭素化が望めるグリーンスローモビリティの活用等といった少しでも環境負荷を減らそうとする計画が存在した。施設の規模も巨大で、各施設の内容を見ても最先端技術を集約した近未来のような一面があり、和歌山県の在り方を大きく変えることは間違いないだろう。

では、この和歌山IRがどれ程の経済波及効果をもたらすはずだったのだろうか。和歌山県のIR基本構想（改訂版）によれば、事業性分析の結果要約国際会議場・展示施設を集客施設としつつも、事業採算性を高めて魅力ある投資案件とする観点から、IRの主要施設として、ラグジュアリーホテル・多目的アリーナ等・ツアーデスク・駐車場を想定し、投資額2,799億円投資回収年数8.7年と推計している。ただし、前提条件として敷地面積20万5,000㎡にラグジュアリーホテルホテル客室数2,500室を有するハイグレードなラグジュアリーホテルを想定している（なお、カジノはラグジュアリーホテル内への設置を想定)。さらに国際会議場・展示施設多機能アリーナやハイグレード会議室が含まれる５万㎡の施設を想定している。その他施設として魅力発信施設、ツアーデスク、駐車場を想定。ただし、これはIR整備法施行令（施設基準）公布前に試算した下限の想定、想定されるIRの規模延床面積45万7,183㎡としている。

また、IR和歌山県［2022年３月18日］、『和歌山県複合観光施設区域整備計画（概要版）』によれば地域への来訪者による旅行消費額は約2,600億円で、IR施設において雇用する従業員数は約6,300人とIR施設の開業は雇用創出効果にも寄与している。

しかし、この目標とする予定数値を実現するには、多くの取組が必須である。具体的には地域の建設企業の活用推進や地産地消の拡大を図るといった地域の原材料・製品の活用による域内調達率の向上、新たに雇用する従業員のために和歌山県内への居住を推進する環境整備等が挙げられる。IR施設の建設・運営が投資額を超える経済波及効果を生みだすものにするためには、IR事業者側の絶え間ない取り組みの姿勢が必要であった。2021年度の和歌山県の歳入は県税を含めた自主財源が４割で残りの６割は地方交付税交付金といった依存財源となっている。

和歌山IRはIR誘致について最終的な審議を行う2022年４月20日に行われた和歌山県議会にてIR区域の整備計画が否決され、和歌山IRは実現しないまま白紙となってしまった。2022年６月には和歌山県企画総務課IR推進室を廃止している。ここに至るまでにIR広報活動に４億2,000万円という巨額の公費を使用している。2022年３月30日に行われた和歌山市議会の本会議では、反対意見があったものの自民党・公明党の賛成多数で可決され、そのまま本会議も可決される流れがあった。

否決された一番大きい理由として挙げられるのは、主要なIR事業者であるクレアベストグループがIR開業に対する確かな資金調達を明らかにせず、不透明なままだったことだ。和歌山IR

開業の初期投資額として約4,700億円の資金調達が必須とされていた。その初期投資額に対して和歌山県とクレアベストグループはスイスの金融大手である『クレディ・スイス』を中心とした金融機関に投資額の７割である約3,250億円を借り入れ、残りの３割である約1,450億円をクレアベストグループやシーザーズ・エンターテインメント等の事業者から設立された『和歌山IR株式会社』を中心に出資する方向で検討する資金調達計画を示していた。だが、その資金調達計画について借り入れる金融機関の融資確約書を会議の場で提示せず、明確な出資企業の確かな数といった情報を明らかにしなかった。

提示しなかった背景には、IR事業者側であるクレアベストとクレディ・スイスが交わした民間同士で結ばれた資金調達の契約による守秘義務の存在があり、開示すると損害賠償義務が発生するというリスクの可能性があった。だが、そこから和歌山IRの開業に対して、不透明な部分が多い計画が果たして成功するのかといった不安視する意見や資金調達計画が不透明なままで行うIR計画はリスクが高いと危険視する意見等が挙がり、賛成票が集まりにくい流れが会議内で生まれてしまったのだ。資金調達計画が不確かなまま進行した結果、IR計画の見通しの甘さという形で県議会にて露呈したが、その見通しの甘さについては県民合意形成不足も和歌山IRが失われた理由に関わってくる。

2021年11月19日・20日、筆者は和歌山IRの理解を深めるために、和歌山市および候補地である和歌山マリーナシティを訪問した。和歌山県庁内にあるIR推進室に足を運び、IR推進室の方々と対面での重要な意見交換会を行った。その意見交換会でIR推進室の方々から特に多く語られた内容がIRに対する合意形成だ。その理由としてはIR推進室を訪問した約１週間後である2021年11月25日から12月５日にかけて、和歌山市内で７カ所と和歌山市外で７カ所と計14カ所での県民に向けた和歌山IRの理解を深める説明会・公聴会を予定していたからである。

しかし、和歌山IRの理解を深める説明会・公聴会は2022年２月・３月に延期されてしまったのだ。その理由としては県議会『IR特別対策委員会』で、和歌山IRの骨格となる資金調達面が当時の段階でも不透明という点から説明会・公聴会を行える現状ではないと批判が相次いだからである。それに伴って県民から意見を募集するパブリックコメントも延期となった。この延期で和歌山IRの説明会・公聴会に参加するはずであった県民からは和歌山IRに対する不信感と不満等といった意見が表面化することとなる。

第3章 海外IR事例

1．シンガポール

シンガポールが本格的にIR運営を開始した2011年は、2億シンガポールドル以上、日本円で150億円以上の歳入があった。また、IR開業により観光収入や観光客数も増加した。

観光収入は、IR開業前である2009年の128億シンガポールドルから開業後である2010年の188億シンガポールドルに増加。観光客数は、2009年の970万人から2010年には約1,160万人、2011年には約1,320万人へと増加した。雇用創出効果についてだが、リゾートワールド・セントーサが1万3,000人、マリーナベイサンズが9,000人、合わせて2万2,000人の直接雇用が生まれ、間接雇用も含めると約6万人の雇用創出効果があったとされている。

以上より、カジノはライセンス料による税収に加えて、地域の観光や雇用へのプラス効果もあると言える。直接財政に関わる税収の増加はもちろん、雇用の増加や観光の振興により地域経済が潤うことは最終的に財政の改善に繋がる。

シンガポールは天然資源が乏しく、人口や経済規模が限られているため、観光による経済戦略を多くとってきた。しかし、アジアにおける都市間競争の激化による観光産業の低迷を大きな問題と捉え、2004年にIR導入の検討を始めた。

IRがもたらす経済効果と負の影響についてさまざまな議論が交わされたが、カジノではなく「IR」ということを説明することで、政府はIRの導入を決定した。現在のシンガポールには、「リゾート・ワールド・セントーサ」と「マリーナベイ・サンズ」の2種類のIRが運営されている。

シンガポールでは3年ごとに、国民と永住権保持者を対象とした依存症が疑われる者の割合について調査している。2005年に行われた調査では、4.1%だったギャンブル依存症の割合が、2008年には2.8%、2017年には0.9%など、IRを導入したことによって以前より対象者が減っていることがわかる。

シンガポールがとった対策として、以下の図表1－16にみられるという7点がある。

図表１－16　シンガポールのギャンブル依存症対策

４．ギャンブル依存症対策

The Japan Council of Local Authorities for International Relations, Singapore

セーフティネット（ギャンブル依存症（病的賭博）対策）

- 国民・永住者への入場料の賦課（S$150/日またはS$3,000/年）
- 入場排除プログラム（Exclusion Program）
- 国内でのカジノ広告・宣伝の制限（広告規制）
- 入場に係る年齢制限（21歳以下の賭博防止）
- カジノ施設内への銀行ATM設置の禁止
- 国家賭博問題対策協議会（NCPG）の設置
- 国家依存症管理サービス機構（NAMS）の設置

13

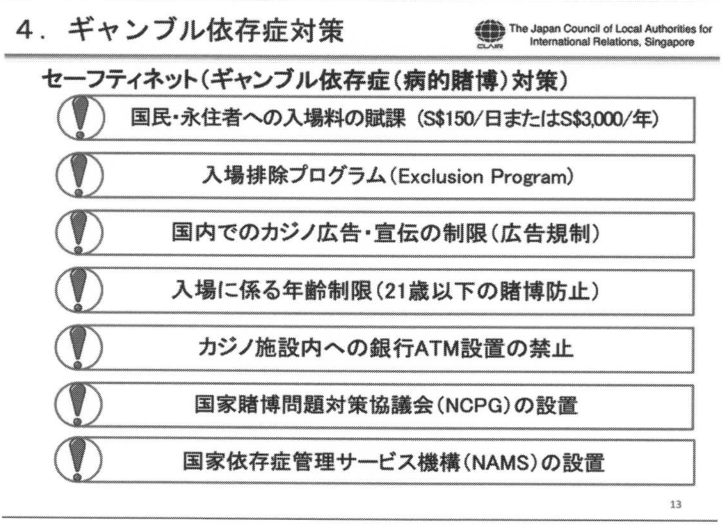

出所）シンガポールの政策　IR政策編13pより引用

シンガポールのカジノ施設は、外国人が無料で入場できる一方で、自国民に対しては高い入場料が課せられる。国内でのカジノ広告、宣伝も制限されているため、一般国民がカジノに触れる機会を最小限に抑える対策を講じている。

また、国家賭博問題対策機構（NCPG）と呼ばれるカジノに対する入場制限や広報啓発を行う機関や、国家依存症サービス（NAMS）と呼ばれるギャンブル依存症に対するカウンセリング等の治療を行う専門機関を設置し、カジノ以外のギャンブル依存症も対象として事前対策と事後対策を行っている。中でもNCPGによる入場排除プログラムでは、自己申告による自己排除プログラムだけではなく、家族申告による家族排除プログラ

図表１－17　シンガポールにおけるギャンブル依存症と推定される者の推移

国家賭博問題対策協議会（NCPG）の調査結果	2008年	2011年	2014年	2017年
病的賭博（ギャンブル等依存症）と推定されるものの割合	1.2%	1.4%	0.2%	0.1%
ギャンブルに問題を抱えると推定されるものの割合	1.7%	1.2%	0.5%	0.8%
合　計	2.9%	2.6%	0.7%	0 9%

出典）REPORT OF SURVEY ON PARTICIPATION IN GAMBLING ACTIVITIES AMONG SINGAPORE RESIDENTS 2017（NCPG）
（シンガポールのIR政策について～IR先進国から学ぶ～より引用）

ム、法令に基づいて自己破産者などを排除する第三者排除プログラムが用意されている。

現地英字紙のストレーツタイムズによると、2017年９月末に本人または家族が入場禁止を申請した人数は２万5,000人超。他に４万7,000人が債務未決済の破産者、生活保護受給者であることを理由にカジノの出入りを禁止されている。図表１－17はNCPGが実施したシンガポール居住者3,000人をランダムに抽出した対面インタビューの結果である。この調査では、カジノ以外の競馬やロト、スポーツ賭博も対象としている。

カジノが導入された2010年以降、従来存在していなかったギャンブル依存症対策が導入されたことで、ギャンブル依存症と推定される人数が低下していることがわかる。この結果から、シンガポールでは、IRの開業によって治安悪化という負のイメージを克服し、観光客の増加や税収の増加といった、IRのメリットを享受することに成功したといえる。このように依存症対策について法整備や関連施設の設けることで、国内のギャンブル依存症の患者が減り、負の面を克服できることがわかった。

このシンガポールの依存症対策は世界でも高く評価され、日本型IRでもこのシンガポールを参考とした対策が多く取られている。

シンガポールは、日本と同じように何度かカジノ構想が議論にあがった国の1つである。ギャンブル依存症や治安悪化などへの懸念が根強く、構想は却下されてきたが、1990年代後半から2000年半ばにかけて、物価の高騰などにより観光収入が横ばいとなり、2003年のSARS（重症急性呼吸器症候群）の大流行により観光産業は大打撃を受けたことから、政府はカジノ導入へと方向転換を行った。

単なるカジノ施設ではない「IR」という新たなコンセプトを誕生させたのはこの背景にある。そして、国民を巻き込んだ議論の末、2005年に「IR開発推進計画」が閣議決定され、図表1－18にある通り、2つのIRが開業している。

図表1－18　シンガポールのカジノ施設

カジノ企業	代表カジノ施設
サンズグループ	Marina Bay Sands
ゲンティン・インターナショナル・スタークルーズ	Resort World Sentosa

出所）「シンガポールの統合型リゾート（IR）について（1）／カジノではなくIR」、『VACコンサルティング』、2020年1月5日参照、著者作成

２．韓国

韓国は、社会的問題によって、カジノに関する法律を変更してきた歴史を持つ。カジノ合法化の目的は外国人旅行者の誘客や外貨獲得などであった。1967年に国内初のカジノが開業し、当初は韓国人も入場が可能であったが、反社会勢力の関与などの社会的問題が発生したため、1969年に「観光振興法」を改正し、韓国人の入場が禁止された。それ以降、外国人専用カジノが16か所設置された。

1995年には、廃鉱地域の振興を目的として、「廃鉱地域開発支援に関する特別措置法」が制定され、国内で唯一韓国人が入場可能なカジノを備えたカンウォンランドが2003年に全面開業した。カンウォンランドは、カジノ、スキー場やゴルフ場、観光ホテルを備えた総合的なリゾート施設である。

図表１－19　韓国の代表カジノ施設

カジノ企業	代表カジノ施設名
パラダイス社	パラダイスシティ
グランドコリアレジャー社	セブンブラックカジノ　ソウル江南
カンウォンランド社	カンウォンランド　カジノ

出所）「事業者による責任あるギャンブリング対策に関する海外事例詳細調査報告書」、『みずほ総合研究所株式会社』、２－６－２参照、著者作成

韓国のカジノ関連収益は約2,900億円とされている。このうちの約50％がカンウォンランドカジノの収益である。パラダイス社とグランドコリアレジャー社の2019年度の合計売上高は1,323億円と発表されている。

これらの収益の一部は廃鉱エリアの教育環境改善や、医療に関する経済的負担を軽減させるためのサービスなどへの還元が行われている。また、再生可能エネルギーを導入して新たな雇用を創出し、各地域へ電力を供給するなど、カジノから派生した事業も拡大している。

一方で韓国はカジノにより借金を負うなどしてホームレスとなった、「カジノホームレス」が施設周辺に急増し、これによる治安の悪化など、カジノ依存が社会問題となったのもここに明記しておきたい。これは、当初、韓国政府の見通しの甘さから、ギャンブル依存症対策を積極的には行っていなかったことや、もともと多いギャンブル依存者がカジノに定着したことなどが原因として挙げられる。

日本では本論第１章でも述べた通り、ギャンブル依存症対策を徹底して行い、さらに法律で各自治体、事業者での取り組みも求めていることも併せて確認したい。

３．モナコ

モナコは国営カジノのある国である。筆者は以前、モナコを訪れてカジノを楽しんだことがあるが、周辺は防犯カメラでセキュリティが維持されていた。犯罪が発生した場合、即座に警察へ連絡がいくシステムが完備されており欧州でも最も治安が良好な国として知られている。日本で盛んに議論されているカジノができると治安が悪くなるという意見を先進国で声高に語る専門家は非常に稀である。

モナコは1861年に領土の95％をフランスに売却する代わりにモナコ公国の主権を回復し、独立国家となった。この売却によってモナコは、人口約5,000人の面積が世界で２番目に小さな国となった。しかし、当時のモナコは漁業以外に産業のない小さな港町であり、国民からの税金だけでは国を豊かにすることは不可能であった。

そこで国は、永続的かつ安定的な財源の確保を目的に、領土売却の際の収益を用い、銀行からの融資を受けずに、宮殿のような国営カジノや豪華なホテルを次々に建設していった。これにより、世界各国から富裕層がモナコに訪れ、モナコは莫大な収益を得た。この収益により国民への直接税を廃止し、さらには多くの市民をカジノやホテルで従業員として雇用するなど、雇用機会も創出した。

モナコにカジノが誕生してから161年が経過した現在、モナコはカジノの国から観光立国として、さらに大きく発展している。伝統や格式は大切にしながらも、歴史あるホテルにも時代の流れに合った新しい設備を施し、加えて新しいホテルなども建設した。図表１－20から現在のモナコのカジノ施設がわかる。

図表１－20　モナコのカジノ施設

カジノ施設名	特　徴
カジノ・ド・モンテカルロ	宮殿のような格式高い佇まい 見学のみの観光客も多く訪れる
カジノ・カフェ・ド・パリ	軽食を食べながら気楽にカジノを 楽しむことができる
モンテカルロ・ベイ・カジノ	高級リゾートの中に位置する スロットのみのカジノ
サン・カジノ	オーシャンビューを一望できるカジノ カジュアルなアメリカのカジノに近い

出所）「モナコのカジノ一覧｜モンテカルロにあるカジノまとめ」、『LISTOF CASINOS』、2019年５月24日
「スロットだけ楽しめるカジノ併設の高級リゾート「モンテカルロ・ベイ・ホテル＆リゾート」」、『ワールドカジノナビ』、2016年５月13日参照、著者作成

160年以上続く伝統あるモナコのカジノは、近年、歴史的カジノ施設の維持や設備投資が負担となり、2011年の経営から困難を極めている。一時期は国の歳入の９割がカジノであったといわれるが、2017年のモナコの歳入を見ると、12億3,000万ユーロのうちの約半分は消費税という調査結果がある。所得税、相続税、贈与税などがかからない国として知られているが、消費税は20％と、物価は高い。しかし、節税目当てで富裕層が集まることから大きな問題ではないとされている。

以上のことからモナコはIRという言葉がなかった当時から、国営カジノを含む複合施設での収益を上げて豊かな国となったが、現在はその維持や新しい設備の投資などにより経営は困難を極めているとわかる。しかし、カジノ・ド・モンテカルロといった、歴史的価値のある施設を存続させなくてはならないこ

とから、赤字になってもカジノ事業を手放すことはおそらく難しいだろうと考えられる。

第4章 IR誘致に対する反対運動と依存症

1．IR誘致に対する反対運動

日本ではカジノに対して悪いイメージを抱いている人が多く、IR誘致に対する反対運動は非常に多い。ここでは、反対運動の例を挙げ、人々が反対する理由とそれに対するIR推進課の対応を整理する。既にIR誘致を撤退・中止している候補地でも現在誘致活動を継続中の候補地でも反対運動は行われている。

IR推進法では、IR誘致の条件として「周辺住民の合意を得ること」を定めているため、非常に重要な課題だ。実際に、横浜市では「横浜未来構想会議」や「カジノの是非を決める横浜市民の会」等IRに反対する市民団体が複数存在し、署名活動等が行われた。

では、どのような理由で反対しているのだろうか。多くは、ギャンブル依存症や治安悪化の懸念だ。カジノが賭け事であることやカジノは現時点では日本に存在しないものであることから、街の治安が悪くなったりギャンブル依存症の人が増えたりすることを想像して反対する人々が多い。IR整備法では、カジノの数や区域の限定、広告勧誘規制やカジノ施設内のATM設置禁止等懸念点をカバーするような決まりを定めている。入場回数の制限やマイナンバー等による本人確認、入場料の賦課、本人・家族申出による利用制限措置等、個人単位でも対策を講じる予定だ。各地域のIR推進課は説明会や配布資料で以上のような日本のギャンブル規制制度を説明しているが、なかなか理解を得られていない状況だ。

原因は、対策方法が具体的にイメージしにくいことと、懸念するリスクを超える魅力をIRに感じられないことにあると考える。2022年10月26日、大阪府議会でギャンブル依存症対策を推進する条例が全国で初めて成立した。目的はIR整備に対する住民の理解を得ることであり、１年以内に施行される予定だ。このように自治体レベルの対策方針や条例が明らかにされることは、依存症対策への理解促進だけでなく地域の財政やIR誘致について考えるきっかけにもなる。

IR誘致に成功したシンガポールでは、ギャンブル依存症に対し厳しい対策を行った。反対意見に多い依存症や治安の問題については、まずは現状と対策について理解してもらうことが必要である。

２．依存症

健全なカジノ運営が達成されるために、日本は、特定複合観光施設区域整備法「第六十八条　カジノ事業者は、カジノ行為に対する依存を防止するため、カジノ管理委員会規則で定めるところにより、依存防止規程（中略）に従って、措置を講じなければならない」というように依存防止対策を定めている。

依存防止対策はカジノ行為への依存を防止するため、ゲーミングに触れる機会の限定、誘客時の規制、厳格な入場規制、カジノ施設内での規制、相談・治療につなげる取組まで、重層的・多段階的な取組を制度的に整備することが必要であるという考えのもと定められているものである。

第一段階ではカジノ施設入場前の規制として、IR施設は国に3か所まで、IR施設内のカジノ区域は面積の3％以内などのカジノに触れる機会の限定と、IR区域外での広告の禁止などの誘客時の規制が定められている。

第二段階では入場時の規制が定められている。入場者（本邦内に住居を有しない外国人を除く。以下この節において同じ）に対し、当該入場者がカジノ行為区画に入場しようとする時に、三千円の入場料を賦課する」ものとし、さらに「第百七十七条

認定都道府県等は、入場者に対し、当該入場者がカジノ行為区画に入場しようとする時に、三千円の認定都道府県等入場料を賦課するものとする」というように、国内在住者にのみ1回6,000円の入場料の賦課を定めている。

第三段階では、カジノ施設に入場した者への対策として、クレジットカードによるチップ購入の禁止や、ATMの設置禁止などを定めている。そして、利用者の個別の事情に応じた措置として、本人・家族等の申し出による利用制限措置もとることが可能な制度となっている。

終章

日本の地域共生社会は構造的な危機的状況を迎えている。古き良き時代の郷愁は、急速な高齢化と人口減少、多様化する社会では残滓となる。財政難を解決するには国内のみでの金銭の循環では不十分であり、外貨の流入を狙う必要がある。新型コロナウイルス流行以前の日本の財政状況改善の方法はインバウンドであった。

2012年に第２次安倍内閣が発足した際、施政方針では「日本のコンテンツやファッション、文化・伝統の強みも、世界から注目されています。アニメなどのブームを一過性のものに終わらせることなく、世界の人たちを惹きつける観光立国を推進することに加え、『クール・ジャパン』を世界に誇るビジネスにしていきましょう」と述べられ、観光業を推進することが表明された。その言葉の通り、訪日外国人旅行は、人数、消費額ともに約４倍に増加した。

しかし、インバウンドでの消費によって経済は改善されたのだろうか。新型コロナウイルスの感染拡大により海外からの観光客はほぼゼロになり、世界有数の観光都市である京都市ですら財政危機が叫ばれている。実際、新型コロナウイルス感染拡大の影響により、高齢者向けの「敬老乗車証」の自己負担額が引き上げられたり、市営施設の料金が引き上げられたりと、社会保障費の縮小が行われている。地域経済が自立できていない状態は、日本の農業の衰退を彷彿とさせる。若者が農業から離れ、高齢化が進んでいき、食料自給率の低下をもたらしているが、これはまるで日本の地域経済の縮図であるように感じる。農業衰退の原因は、非競争的な環境を引き起こす食管制度によって、市場の効率的な資源配分が阻害されたためであるという指摘がある。補助金により自活できなくなり、その負担を消費者に負わせることで需要が減少していったということだ。これは地域経済にも同じことが言えるのではないか。現在の制度として地方交付金があるが、それに頼るしかなくなった自治体はやがて衰退するしか道はない。

地域経済を活性化させるためには、若者を呼び戻す必要がある。若者が流出する原因は、「魅力的な就業機会が地方に不足していること」であるとされている。このように、仕事がなく、あっても給与が少ないという魅力的な就業機会の不足を、IR事業なら解決できる可能性がある。IR事業が新たな雇用を創出することはこれまで述べてきた通りである。これらのことから、IR事業は地方経済活性化に有意であると主張したい。しかし、現状IR事業による収益は、当該地域の発展のために利用できる規定があるにもかかわらず地域での反対論が根強い。この反対意見の裏側に潜むのは、外資企業の参入や今までにない「カジノ」に対するアレルギー反応である。なかには、江戸時代の賭博場を想起させるような意見を語る人もいる。残念ながら古来からの日本の歴史、たとえば鎖国が示すように多様性社会への反発は、国民性として時に表面化する。映像配信が当たり前の時代にネットフリックスは世界40か国にオリジナルの映画を同日配信する[18]。こうした企業を構成する社員は多様性に満ちている。世界中で当然のようにIR事業（カジノを含む）が運営されていることの意味を改めて考慮する必要性がある。

日本では失業率が低いことから経済的な危機感が欠落していると考える。しかし、失業率が低いのは給与を低く設定し、広く分配しているからであり、GDPの低下や物価の高騰、円安は確実に進んでいる。

IR誘致の中止は国際的な信用も失っている。日本のIRに関する発表は事業者側の視点に立ったものがない。事業者は日本が提示した条件に合わせて長い間準備をしてきた。また受け入れを行うための日本側の組織も担当部署に有能な職員を配置して仕事を続けている。忘れてはならないのは、そのために使われているのは、税金であるということだ。代案も提示されずに誘致活動を中止してしまっては、無責任だと言われてしまっても仕方がないだろう。これ以上日本の信頼を失わないためにも、大阪と長崎にはぜひ誘致を成功させてほしい。それは新しい地域共生社会の創造に繋がると信じたい。

【注】

1　田部井正次郎、「観光MICE集いツーリズム入門」、2019年、古今書院参照

2　「特定複合観光施設区域の整備に関する法律」、e-GOV法令検索、第１章第１条より引用

3　「特定複合観光施設区域の整備に関する法律」、e-GOV法令検索、第１章第３条より引用

4　「「ハマのドン」がカジノ反対にこだわる理由「街が死ぬ」」、『朝日新聞DEGITAL』、2019年４月26日参照

5　「横浜IR（統合型リゾート）の方向性（素案）に関するパブリックコメントの実施結果」、『横浜市』より一部引用

6　「横浜IRの誘致に係る取組の振り返りについて（報告)」、『横浜市』参照

7　令和２年度大阪府「一般会計・特別会計歳入歳出決算の概要」より参照

8　大阪府総務部市町村課「あなたのまちのおサイフ事情〜もずやんは見た〜」より参照

9　認定NPO法人サービスグラント「大阪ええまちプロジェクト超高齢社会・大阪の課題」より参照

10　P6、予算編成方針より引用
https://www.city.osaka.lg.jp/zaisei/cmsfiles/contents/0000556/556522/flip01-10.pdf

11　長崎県ホームページ「令和２年度決算」、長崎県「長崎県の財政（令和３年12月)」より参照

12　長崎新聞「若者の転入減少　焦点を絞った施策必要　長崎2022　長崎知事選　まちの課題点検・６」

13　長崎県「長崎県中期財政見通し（令和５年度〜令和９年度)」より参照

14　朝日新聞「和歌山のカジノ含むIR計画、県議会特別委が否

決自民からも反対票」2022年４月20日より引用

15　和歌山県［2022年３月18日］、『和歌山県複合観光施設区域整備計画（概要版）』２ページを参照、少数株主は西松建設株式会社を含めた９社で構成

16　和歌山県［2022年３月18日］、『和歌山県複合観光施設区域整備計画（概要版）』３ページを参照

17　東洋大学［2021年７月28日］、『和歌山意見交換会議事録』を参照

18　ネットフリックス「今際の国のアリス」、2022.12.22

参考文献

田部井正次郎、「観光MICE　集いツーリズム入門」、2019年、古今書院

「特定複合観光施設区域の整備に関する法律」、e-GOV法令検索
第１章第１条、第１章第３条より引用（最終閲覧日2022年11月１日）
特定複合観光施設区域の整備の推進に関する法律｜e-Gov法令検索

「特定複合観光施設区域整備法における依存防止対策の全体像」
カジノ管理委員会より引用（最終閲覧日2022年11月１日）
https://www.jcrc.go.jp/policy/regulatory/dependence.html

「安倍総理・施政方針演説～第183回国会における安倍内閣総理大臣施政方針演説～」、『首相官邸』より一部引用
https://www.kantei.go.jp/jp/headline/183shiseihoushin.html

「特定複合観光施設区域整備法」、e-GOV法令検索
第３章第68条、第69条、第176条、第177条より一部引用
特定複合観光施設区域整備法｜e-Gov法令検索

「カジノ法案（IR実施法案）によるデメリットは？反対派の意見などまとめ」、『日本カジノ研究所』、最終更新2022年８月３

日参照（最終閲覧日2022年11月１日）
https://vegasdocs.com/casinohouan/mondai.html
「カジノ税と入場料を引き上げ、依存防止へ」、『アジア経済ニュース』、2019年４月５日参照（最終閲覧日2022年11月１日）
https://www.nna.jp/news/1888908
「KRW/JPY　通貨為替レート」、「SGD/JPY　通貨為替レート」、『Google Finance』、2022年11月１日参照（最終閲覧日2022年11月１日）
https://g.co/finance/KRW-JPY、https://g.co/finance/SGD-JPY
「横浜市の長期財政推計（R3.1.29更新版）」、『横浜市財政局』参照（最終閲覧日2022年11月１日）
https://www.city.yokohama.lg.jp/city-info/zaisei/jokyo/zaisejokyo/tyoukisuikei.files/tyoukisuikei.pdf
「横浜IRの誘致に係る取組の振り返り（中間報告）」、『横浜市』（最終閲覧日2022年11月１日）
https://www.city.yokohama.lg.jp/kurashi/machizukuri-kankyo/toshiseibi/sogotyousei/IR/irfurikaeri.files/chukanhoukoku.pdf
「横浜IR（統合型リゾート）の方向性（素案）に関するパブリックコメントの実施結果」、『横浜市』より一部引用（最終閲覧日2022年11月１日）
https://www.city.yokohama.lg.jp/city-info/koho-kocho/press/toshi/2020/0828houkousei.files/200828pc.pdf
「横浜市IRにおける考察」、『澁澤ゼミナール』参照（最終閲覧日2022年11月１日）
https://www.toyo.ac.jp/-/media/Images/Toyo/research/labo-center/gensha/publications/23790/IR/IR.ashx?la=ja-JP&hash=D156918A506AE27DAEFBF8E251AA94D046FC

FF06
「令和２年度横浜市観光・MICE戦略の策定に向けた調査結果（概要版）」、『横浜市文化観光局観光振興課』参照（最終閲覧日2022年11月１日）
https://www.city.yokohama.lg.jp/kanko-bunka/miryoku/data/chosa_gaiyo.files/0039_20210514.pdf
「横浜IRの誘致に係る取組の振り返りについて（報告）」、『横浜市』参照（最終閲覧日2022年11月１日）
https://www.city.yokohama.lg.jp/kurashi/machizukuri-kankyo/toshiseibi/sogotyousei/IR/irfurikaeri.files/hurikaeri.pdf
「事業者による責任あるギャンブリング対策に関する 海外事例詳細調査 報告書」、『みずほ総合研究所株式会社』、２．各国IRマーケットの概況とIRの事例、４．世界各国のIRにおける地域貢献に関する事例参照（最終閲覧日2022年11月１日）
https://www.jcrc.go.jp/content/000000168.pdf
「マカオの法制度の概要」、『BLG法律事務所』参照（最終閲覧日2022年11月１日）
https://www.bizlawjapan.com/wp-content/uploads/macau_houseido_01.pdf
「マカオのトップIR事業者、合計10万8000人を雇用」、『agb nippon』、2019年６月９日参照（最終閲覧日2022年11月１日）
https://agbrief.jp/headline/42816/
「富の還元！カジノ世界一マカオの社会保障制度とは」、『Guanxi Times』、2022年６月８日参照（最終閲覧日2022年11月１日）
https://wakuwork.jp/archives/55765
「マカオのカジノ総収入（売上高）」、『株式マーケットデータ』、2022年11月１日最終更新参照（最終閲覧日2022年11月１日）
https://stock-marketdata.com/macau-casino#toc7

「シンガポールの統合型リゾート（IR）について（１）／カジノではなくIR」、『VACコンサルティング』、2020年１月５日参照（最終閲覧日2022年11月１日）
https://vac-jp.com/report/ma/3549/
「モナコのカジノ」、『カジノドカン』参照（最終閲覧日2022年11月１日）
https://casinodokan.com/info/monaco-casino-guide
「モナコのカジノ一覧｜モンテカルロにあるカジノまとめ」、『LISTOF CASINOS』、2019年５月24日参照（最終閲覧日2022年11月１日）
https://www.listofcasinos.net/monaco-casino-guide
「スロットだけ楽しめるカジノ併設の高級リゾート「モンテカルロ・ベイ・ホテル＆リゾート」」、『ワールドカジノナビ』、2016年５月13日参照（最終閲覧日2022年11月１日）
https://casino-navi.net/I0000286
「ファイナンス2018年10月号」、『財務省』p.16-17参照（最終閲覧日2022年11月１日）
https://www.mof.go.jp/public_relations/finance/denshi/201810/html5m.html#page=21
「日本の観光統計データ　訪日外客数」、『日本政府観光局』参照（最終閲覧日2022年11月１日）
https://statistics.jnto.go.jp/graph/#graph--inbound--travelers--transition
「日本の観光統計データ　旅行消費額」、『日本政府観光局』参照（最終閲覧日2022年11月１日）
https://statistics.jnto.go.jp/graph/#graph--inbound--consumption--transition
「日本農業を衰退させたもの」、『キヤノングローバル戦略研究所』、2012年３月５日参照（最終閲覧日2022年11月１日）

https://cigs.canon/article/20120305_1282.html
「情報通信白書平成27年度版」、『総務省』参照（最終閲覧日2022年11月１日）
https://www.soumu.go.jp/johotsusintokei/whitepaper/ja/h27/pdf/index.html
財務省「これからの日本のために財政を考える」財務省ホームページ（最終閲覧日2022年８月３日）
https://www.mof.go.jp/zaisei/
東京都議会議会局管理部広報課「地方自治と議会」東京都議会ホームページ（最終閲覧日2022年８月３日）
https://www.gikai.metro.tokyo.jp/outline/council.html
原田尚彦（1996）『地方自治の法としくみ（全訂二版）』学陽書房
「地方自治体が抱える問題とは？解決のポイントと地方創生に向けた取り組み事例を解説【自治体事例の教科書】」自治体通信ONLINE（最終閲覧日９月14日）
https://www.jt-tsushin.jp/article/casestudy_tihou-sousei
内閣府「１．人口減少と少子高齢化の現状」（最終閲覧日2022年９月18日）
https://www5.cao.go.jp/j-j/cr/cr05/chr05_1-1-1.html
総務省統計局「住民基本台帳人口移動報告　2021年結果」2022年１月（最終閲覧日９月20日）
https://www.stat.go.jp/data/idou/2021np/jissu/pdf/gaiyou.pdf
内閣府「第１章高齢化の状況」令和４年版高齢社会白書（全体版）
https://www8.cao.go.jp/kourei/whitepaper/w-2022/zenbun/pdf/1s1s_01.pdf
総務省統計局「人口推計（令和４年（2022年）４月確定値、令和４年（2022年）９月概算値）（2022年９月20日公表）」（最終閲覧日2022年９月18日）

https://www.stat.go.jp/data/jinsui/new.html
国立社会保障・人口問題研究所「日本の地域別将来推計人口（平成29年推計）」
https://www.ipss.go.jp/pp-zenkoku/j/zenkoku2017/pp29_gaiyou.pdf
衆議院憲法審査会事務局「『国と地方の在り方（地方自治等）』に関する資料」平成29年4月
https://www.shugiin.go.jp/internet/itdb_kenpou.nsf/html/kenpou/shukenshi093.pdf/$File/shukenshi093.pdf
総務省「地方財政の概況」令和4年版地方財政白書（令和2年度決算）（最終閲覧日2022年9月20日）
https://www.soumu.go.jp/menu_seisaku/hakusyo/chihou/r04data/2022data/r04czb01-02.html#p01020501
大阪府「令和2年度大阪府　一般会計・特別会計歳入歳出決算の概要」
https://www.pref.osaka.lg.jp/attach/2598/00408589/03_ippantookubetukaikei-gaiyo.pdf
大阪府総務部市町村課「令和3年度版（R2年度決算）あなたのまちのおサイフ事情～もずやんは見た～」令和4年3月
https://www.pref.osaka.lg.jp/attach/2413/00424103/mozuyan.pdf
認定NPO法人サービスグラント「超高齢社会・大阪の課題」大阪ええまちプロジェクト（最終閲覧日2022年9月26日）
https://eemachi.pref.osaka.lg.jp/about/agenda/
大阪府・大阪市IR推進局「IRって何？」
https://www.pref.osaka.lg.jp/attach/31325/00000000/IR-Pamphlet.pdf
長崎県「長崎県の財政―令和4年度―」長崎県の財政（最終閲覧日2022年9月26日）

https://www.pref.nagasaki.jp/shared/uploads/2022/10/1665125062.pdf

長崎新聞「長崎市の「転出超過」拡大　２年連続で全国ワースト２位　2021年」2022年２月２日（最終閲覧日2022年９月27日）

https://nordot.app/861410186103701504

長崎新聞「若者の転入減少　焦点を絞った施策必要　長崎　2022長崎知事選　まちの課題点検・６」2022年２月６日（最終閲覧日2022年９月27日）

https://nordot.app/862865589335687168

長崎県「長崎県中期財政見通し（令和５年度〜令和９年度）」令和４年９月

https://www.pref.nagasaki.jp/shared/uploads/2022/09/1662955406.pdf

長崎県KYUSHUリゾーツジャパン株式会社「九州・長崎IR区域整備計画（案）概要」2022年４月（最終閲覧日2022年10月４日）

https://www.pref.nagasaki.jp/shared/uploads/2022/04/1650250629.pdf

和歌山県総務部総務管理局財政課「令和２年度普通会計決算（見込み）の概要　和歌山県財政の状況」令和３年９月１日

https://www.pref.wakayama.lg.jp/prefg/010400/kessan/gaiyou_d/fil/R2kessantoukei.pdf

和歌山県「長期総合計画第１章和歌山県がめざす将来像」和歌山県ホームページ（最終閲覧日2022年10月４日）

https://www.pref.wakayama.lg.jp/prefg/020100/d00153655.html

朝日新聞「和歌山のカジノ含むIR計画、県議会特別委が否決　自民からも反対票」2022年４月20日（最終閲覧日2022年10月４日）

https://www.asahi.com/articles/ASQ4M6JHLQ4MPXLB010.html

横浜市「令和２年度横浜市普通会計決算の概要」普通会計決算の概要2021年12月２日
https://www.city.yokohama.lg.jp/city-info/zaisei/jokyo/ketu/futsu_kessan_gaiyo.files/R02gaiyou.pdf
横浜市財政局「横浜市の長期財政推計」令和２年９月
https://www.city.yokohama.lg.jp/city-info/zaisei/jokyo/zaisejokyo/tyoukisuikei.files/tyoukisuikei.pdf
横浜市「横浜IRの誘致に係る取組の振り返り」令和４年９月
https://www.city.yokohama.lg.jp/kurashi/machizukuri-kankyo/toshiseibi/sogotyousei/IR/irfurikaeri.files/hurikaeri.pdf
苫小牧市ホームページ　決算に関する公表資料「財政状況資料集」（最終閲覧日2022年10月４日）
https://www.city.tomakomai.hokkaido.jp/shisei/zaisei/zaiseikenzenka/kessannituite.html
苫小牧市「苫小牧市における現況・まちづくり上の課題」
https://www.city.tomakomai.hokkaido.jp/files/00033300/00033303/現況と課題.pdf
日本カジノ研究所「北海道、IR誘致見送りを正式表明 環境問題や賛否の集約間に合わず」2019年11月29日（最終閲覧日９月27日）
https://vegasdocs.com/casinohouan/casinohouan191129.html
苫小牧市「北海道苫小牧国際リゾート構想・IR誘致に向けた 取組状況について」令和４年２月
https://www.city.tomakomai.hokkaido.jp/files/00056000/00056077/20220316150041.pdf
総務省「ふるさと納税の仕組み」ふるさと納税ポータルサイト（最終閲覧日2022年10月７日）
https://www.soumu.go.jp/main_sosiki/jichi_zeisei/czaisei/czaisei_seido/furusato/mechanism/about.html

総務省「ふるさと納税研究会報告書」平成19年10月
https://www.soumu.go.jp/main_sosiki/kenkyu/furusato_tax/pdf/houkokusyo.pdf
総務省「令和４年度ふるさと納税に関する現況調査について」ふるさと納税ポータルサイト2022年７月29日（最終閲覧日10月16日）
https://www.soumu.go.jp/main_sosiki/jichi_zeisei/czaisei/czaisei_seido/furusato/topics/20220729.html
総務省「ふるさと納税に係る指定制度について」ふるさと納税ポータルサイト（最終閲覧日2022年10月16日）
https://www.soumu.go.jp/main_sosiki/jichi_zeisei/czaisei/czaisei_seido/furusato/topics/20190401.html
一般社団法人自治体国際化協会「シンガポールにおけるIR（統合型リゾート）導入の背景と規制」2015年５月11日
http://www.clair.or.jp/j/forum/pub/docs/417.pdf
北海道「カジノを含む統合型観光リゾート（IR）による経済・社会影響調査」平成24年11月
https://www.pref.hokkaido.lg.jp/fs/5/6/0/3/2/7/1/_/irkeizaisyakaieikyoutyousagaiyou.pdf
石川義憲　財団法人自治体国際化協会（CLAIR）政策研究大学院大学　比較地方自治研究センター（COSLOG）「日本の公営競技と地方自治体」
https://www.clair.or.jp/j/forum/honyaku/hikaku/pdf/BunyabetsuNo16jp.pdf
横浜市「横浜IR（統合型リゾート）の方向性（素案）に関するパブリックコメントの実施結果」令和２年８月
https://www.city.yokohama.lg.jp/kurashi/machizukuri-kankyo/toshiseibi/sogotyousei/IR/houkousei.files/irpubliccomment.pdf

何でも調査団「約８割が『日本にカジノができても行ってみたいと思わない』と回答」@niftyニュース2018年６月29日（最終閲覧日2022年11月１日）

https://chosa.nifty.com/hobby/chosa_report_A20180629/7/index.html

警察庁刑事局組織犯罪対策部組織犯罪対策企画課犯罪収益移転防止対策室「マネー・ロンダリング対策の沿革」（最終閲覧日2022年11月１日）

https://www.npa.go.jp/sosikihanzai/jafic/maneron/manetop.htm

木曽崇「国内利用者288万人！コロナ禍で日本を蝕むオンラインカジノ業者」YAHOO!JAPANニュース　2021年２月９日（最終閲覧日2022年10月16日）

https://news.yahoo.co.jp/byline/takashikiso/20210209-00221730

AMUSEMENT&GAMING RESEARCH「オンラインカジノ国内から265万人がプレイ」2022年５月13日（最終閲覧日2022年10月16日）

https://amusement-gaming-research-japan.blogspot.com/2022/05/265.html

東洋大学現代社会総合研究所「IR推進」プロジェクト「横浜市IRにおける考察」2021年７月28日

https://www.toyo.ac.jp/-/media/Images/Toyo/research/labo-center/gensha/publications/23790/IR/IR.ashx?la=ja-JP&hash=D156918A506

地域社会と観光

—愛知県名古屋市の地域活性化策を事例に—

伊藤昭浩

第1章 研究の背景と目的

近年の情報通信技術の発展は、従来とは異なる旅行行動や観光振興を生みだしている。たとえばコンテンツを活用した観光振興やコンテンツを動機とした旅行行動など、コンテンツを中心としたツーリズム＝“コンテンツツーリズム”のさまざまな新しい実践が行われている。

たとえば、アニメのコンテンツの舞台として描かれた地域を訪ねる旅行行動や、コミックマーケット、世界コスプレサミットなどのアニメやマンガをはじめとしたコンテンツに関連する旅行行動は、国内外でも多く見られるようになってきている。これは現下の重要な政策課題となっている地域の活性化の一方策としても注目されている。

コンテンツを動機とする旅行行動は、たとえば国土交通省他［2007］では、わが国のアニメ産業はオリジナル性が高く、海外での知名度も高い知識集約型産業であるが、それを活用して新たなビジネスの発掘・育成、観光立国の推進および地域活性化を目指した国際観光の拡大につながるものとしており、また同様にソフトパワーによるわが国のインバウンド政策[1]としても注目されている。

一方、コンテンツを活用した観光振興や地域活性化に関する研究は、いまだ事例研究の集積の段階にある。先行研究においても、コンテンツ活用についての事例が中心であり、理論的アプローチやフレームワークをしめす研究は少ない。また社会学や観光学からのアプローチが多く、経済学からのものはほとんどみられない。

そこで本稿は、まずコンテンツツーリズム研究として経済学的アプローチから、コンテンツとツーリズムの関係性についてみる。さらにコンテンツツーリズムの枠組みのなかでもとくに参加する各プレーヤについてその特徴をみる。そのうえで、愛知県名古屋市で実施している「project758」を事例に、新たな観光の創出から地域活性化までを射程に入れて分析する[2]。

第2章 コンテンツとツーリズム

本章ではまずコンテンツツーリズムを分析するにあたって、あらためてそれをコンテンツとツーリズムに分けて本稿における定義づけをおこない、それぞれの特徴をとらえたうえで、コンテンツツーリズムの議論をすすめていく。

1．コンテンツツーリズムにおける“コンテンツ”

現在、さまざまな端末がデジタル化・ネットワーク化したことで、コンテンツの選択肢と入手経路が多様化している。また、CGM[3]に代表されるようにコンテンツを発信するのは特権的なメディア産業従事者だけではなく、消費者をも発信者としている。こうしたコンテンツをめぐる現状から、本稿のコンテンツツーリズムにおける“コンテンツ”の立場を明らかにする。

コンテンツツーリズムにおける“コンテンツ”を考える場合、コンテンツツーリズムという言葉をもちいた比較的初期の先行研究として国土交通省他［2005］がある。

ここでは、コンテンツおよびコンテンツツーリズムを「「観光立国行動計画」を通じて、「観光立国」「一地域一観光」の取組が推進される中で、地域の魅力あるコンテンツの効果的な活用が注目されている。……集客要素としてのコンテンツの活用は、現実の世界を対象とした映画・ドラマにとどまらず、マンガ・アニメ・ゲームも含めて拡大している。ここでは、このような地域に関わるコンテンツ（映画、テレビドラマ、小説、マンガ、ゲームなど）を活用して、観光と関連産業の振興を図ることを意図したツーリズムを「コンテンツツーリズム」と呼ぶことにしたい。コンテンツツーリズムの根幹は、地域に「コンテンツを通して醸成された地域固有の雰囲気・イメージ」としての「物語性」「テーマ性」を付加し、その物語性を観光資源として活用することである。[4]」としている。

ここでは“コンテンツ”を「映画、テレビドラマ、小説、マンガ、ゲームなど」としながら、地域との関わりを指摘して「物語性」「テーマ性」を付加して観光資源とすることをコンテンツツーリズムとしていることが特徴である。

しかし、ここで定義する“コンテンツ”はその範囲はあいまいであり、何が実際にコンテンツにあたるのかという定義づけには不十分である。

また、岡本［2012］は、観光人類学や観光社会学の知見を踏まえて、膨大なサーベイからコンテンツの定義を整理している。ここではコンテンツとは２つの性質を持っているとして、「情報がなんらかの形で創造・編集されたものであり、それ自体を消費することで楽しさを得られる情報内容」と定義している。

また現実空間上で結実するコンテンツをアナログコンテンツ、情報空間上で結実するコンテンツをデジタルコンテンツとして、さらに、コンテンツを編集するもととなる情報をコンテンツ源[5]としている。

本稿では、岡本［2012］の定義に依りながらも、コンテンツツーリズムで取り扱う“コンテンツ”について経済学的アプローチを試みる。情報にはShannon［1949］が定義する「不確実性を減らすもの」のほかに、野口［1974］の情報の分類[6]から「不確実性を減らさないもの」として音楽、小説、絵画、映画などの反復鑑賞することにより直接効用を高める情報の存在を指摘できる。これは言い換えると消費財的情報ともいえる[7]。

さらに価値のある情報と価値のない情報の区別がある場合、経済学的考察の対象となる情報は前者であることは明らかであり、この「価値のある情報」は岡本［2012］の「それ自体を消費することで楽しさを得られる情報内容」と同義であると指摘できる。

本稿でのコンテンツツーリズムにおける“コンテンツ”は、経済学的アプローチから「価値のある不確実性を減らさない消費財的情報」と定義して議論をすすめる。

2．コンテンツツーリズムにおける“ツーリズム”

ツーリズムとは従来の観光とは異なり、一般的に体験型観光として位置づけられ、ツーリズム自体もその特性によりさまざまな言葉を付加して区別されている[8]。たとえば環境に配慮したツーリズムをエコツーリズム、山や森などを扱うツーリズムをグリーンツーリズム、海を扱うツーリズムをブルーツーリズムとさまざまなツーリズムが生まれている。

岡本［2011］では、コンテンツとツーリズムの関係性について、「ツーリズムの中のコンテンツ」と「コンテンツの中のツーリズム」の存在を指摘している。前者ではコンテンツが関係する観光振興や旅行行動、後者ではコンテンツ作品の中の観光振興や旅行行動を挙げている。本稿ではコンテンツツーリズムを「ツーリズムの中のコンテンツ」として議論を進めるが、その概念はフィルムツーリズム[9]として映画の発達とともに生まれ、学術的アプローチもすすめられている。

フィルムツーリズムとは、映画やドラマの舞台となったロケ地、原作の舞台を巡る旅行行動であり、地域振興の観点からみれば、映画などのロケーションの誘致による直接的な経済効果だけでなく、映画などの舞台への観光客の誘致による経済効果も大きい。たとえば、映画『ローマの休日』に登場する名場面の舞台となった場所は、ローマ市内観光では欠かせないスポットとなっている。またわが国ではNHK大河ドラマがその地域にもたらした経済効果として一般的に引用されるケースが多い[10]。この例にかぎらず、映画『THE FIRST SLAM DUNK』における神奈川県鎌倉市など、有名な映画やドラマの撮影場所は現代の旅行の主要な目的地となっている。

わが国では観光立国、知的財産立国の実現、および地域振興が喫緊の課題となっているが、映画、ドラマといったフィルムツーリズムだけでなく、国内はもちろん国外への情報発信・集客促進力をもつアニメやマンガなどのコンテンツを活用した“ツーリズム”[11]を戦略的に展開する重要性が増している。

第3章 コンテンツツーリズムを構成するプレーヤとその特徴

前章では、コンテンツの定義と、ツーリズムによる地域振興という視点でコンテンツツーリズムをみた。本章では、コンテンツツーリズムを構成する各プレーヤについて“観光”という大きな視点にもどって議論をすすめる。須藤他［2005］は観光社会学の立場から、“観光”における「ツーリスト」「プロデューサー」「地域住民」という3つのプレーヤに関する分析およびそれらの相互作用に関する分析を、社会的、文化的背景との交差も視野にいれながら分析している。しかし、コンテンツツーリズムを取り扱う際、近年の“観光”を取り巻く環境を考えると、このような枠組みでは十分捉えきれない部分も出てきている。[12]そこで本稿では須藤他［2005］をもとに、[13]経済学的アプローチとしてコンテンツツーリズムを構成するプレーヤを図表2－1のように整理する。

ここでの特徴は、まずツーリズムを取り巻く環境変化である。ICT機器の低価格・高性能化およびモバイル化、ブロードバンドの普及などのハード面の進展と、検索エンジンの精度向上や消費者生成型メディアの普及などソフト面の発展などによる情

図表２－１　コンテンツツーリズムを構成する環境・プレーヤ

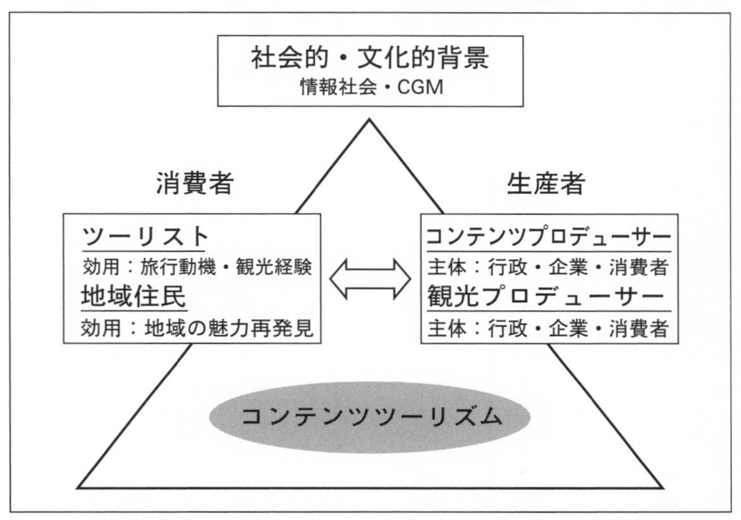

出所）須藤［2005］、p.16をもとに筆者作成

報社会の深化は、ツーリズムの社会的・文化的背景に大きな影響を与える。

このような環境変化は、須藤他［2005］が指摘する３つのプレーヤから、とくにコンテンツツーリズムの視点ではそのプレーヤとしてツーリストと地域住民からなる「消費者」と、コンテンツプロデューサーと観光プロデューサーからなる「生産者」の２者とすることができる。

ここでの「消費者」である「ツーリスト」はコンテンツツーリズムをとおして価値のある観光体験などの効用を得ることができ、「地域住民」は地域の魅力再発見の効用を得ることができる。一方、「生産者」としての「コンテンツプロデューサー」

はアニメ・マンガなどのコンテンツの制作者などであり、「観光プロデューサー」は観光についての制作者などである。それぞれの「生産者」は取り扱う財・サービスについて戦略・分析などを実施するがその主体は、行政・企業・消費者のいずれかまたは複合体である。

加えて、「ツーリスト」または「地域住民」である「消費者」は、「生産者」の主体である「消費者」になりうる特徴がある。情報社会の深化によって消費者生成型メディアが一般的になってきているが、たとえば「観光プロデューサー」は旅行会社だけにはとどまらず、さまざまな主体が観光に関わるプロデューサーとして活動している。「ツーリスト」もまた「消費者」では終わらず、それぞれが情報発信や情報編集を行うプレーヤとなっているため、ツーリスト、地域住民、各プロデューサーは明確に分けづらく、情報社会の深化のなかであいまいになっている。また、「生産者」である「コンテンツプロデューサー」と「観光プロデューサー」の関係も同様である。

第4章 コンテンツツーリズムをもちいた地域活性化
—愛知県名古屋市の事例—

ここまで経済学的アプローチからコンテンツツーリズムの定義および参加プレーヤの特徴をみたが、本章ではこれらの特徴をみる事例として、筆者がプロジェクトリーダーを務める愛知県名古屋市の「project758」を取り上げる。

本プロジェクトは既存のコンテンツをツーリズムに繋げるものではなく、大学（学生）を中心に行政、企業、地域住民が「生産者」となってコンテンツツーリズムをつうじた地域活性化をはかるという新しい取り組みであり、コンテンツツーリズムの実際をみるには最適であると考える。

プロジェクトの舞台となる名古屋市は、日本三大都市のひとつであり、海外や日本国内からのアクセスが便利で、市内の交通網も充実しており、また歴史的文化遺産や観光名所、商業施設、名古屋めしといわれる地域独特の“食”のメニューなど豊富な地域資源をもっている地域である。

一方、都市のもつ魅力度調査をみると、8都市（札幌市、東京区部、横浜市、名古屋市、京都市、大阪市、神戸市、福岡市）のなか、“買い物や遊びで訪問したいか”という「訪問意向」では

図表２－２　都市ブランド・イメージ調査結果

	訪問意向（ポイント）	魅力的に感じる（%）	魅力に欠ける（%）
札幌市	36.6	20.2	8.4
東京区部	28.6	22.4	13.2
横浜市	28.9	11.5	5.3
名古屋市	1.4	3	30.1
京都市	37.6	20.2	3.8
大阪市	16.8	5.3	17.2
神戸市	27.7	8.7	7.6
福岡市	25.7	8.7	14.4

出所）名古屋市［2016］、p.3をもとに筆者作成

名古屋市は1.4ポイントとなっており、突出して低い結果となっている。また、「魅力的に感じる」では３ポイントで最下位、「魅力に欠ける」でも30.1ポイントと魅力に乏しい都市としてみられている結果となっている[14]。

ここでは、名古屋市は豊富な地域資源を持っている一方、その資源を活用できていないため、観光誘客に結び付いていないという地域課題を指摘することができる。

本プロジェクト「project758」では、コンテンツツーリズムの「生産者」として、大学（学生）、行政、企業が「観光プロデューサー」、また大学（学生）が「コンテンツプロデューサー」となり、名古屋市の名産品、名所といった地域資源をキャラクタ化して観光誘客、地域活性化をはかるとともに、「消費者」としてとくに若年層の「ツーリスト」に対して本地域に興味や

親しみやすさを感じてもらうとともに、「地域住民」に地域の魅力の再発見を促すことを目的とする[15]。

地域活性化活動をすすめるにあたり本プロジェクトでは、プレーヤとして企業、大学、行政が参加するPDCAサイクルを構築している。PDCAサイクルとは、計画（Plan)、実行（Do)、評価（Check)、改善（Act）を繰り返すことによって事業活動を継続的に改善するものであるが、本プロジェクトは大学がプラットフォームとなったコンテンツ開発およびコンテンツツーリズムの国内での最初期の事例であり、事業実施にあたって本手法を取り入れている[16]。

まずPDCAサイクルの計画（Plan）では、名古屋学院大学を中心に名古屋市の行政・企業が参加する名古屋キャンパス委員会[17]の下部組織としてコンテンツ小委員会を設置して、コンテンツツーリズムを活用した地域活性化策について地域への説明および同意を得たうえでコンテンツ開発をすすめている[18]。ここでは「観光プロデューサー」として大学（学生)、行政、地域企業、地域住民が主体となっている。

実行（Do）では、実際に５つの実行フェーズから地域資源をキャラクタ化し、情報発信するためのコンテンツ開発のコア部分をすすめる。ここでは大学（学生）が「コンテンツプロデューサー」としての役割をはたす。実際の実行フェーズは以下のとおりである。

実行フェーズ１では、大学（学生）が地域調査・サーベイを実施する。地域住民に対して学生独自のアンケート調査を実施して集計・分析することやヒアリング調査を実施することで取り上げる地域資源の特色を若者目線で抽出するフェーズとなる。

実行フェーズ2では、アンケート・ヒアリング調査で抽出した地域資源についてのキーワードからキャラクタを創作していく。大学（学生）は「コンテンツプロデューサー」として、初期段階のラフ絵（アナログ）を作成してプロジェクト内で加筆・修正しながらキャラクタのデジタルコンテンツ化をすすめる。

図表2－3　実行フェーズ2：地域資源のキャラクタ化

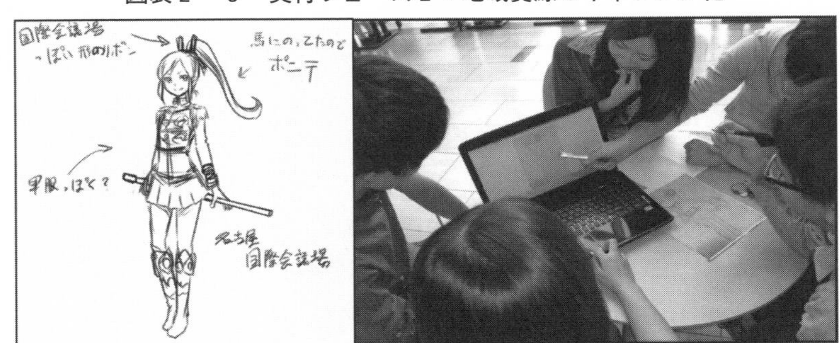

実行フェーズ3ではインターネット放送を通じた視聴者参加型のキャラクタ創作をすすめていく。具体的には、DWANGO社が提供しているニコニコ生放送やYouTubeにプロジェクト公式チャンネルを開設して実際に放送する。

また放送に向けて、構成台本を作成する、当日のゲスト（声優）や企業人等との事前・事後的なビジネス交渉を実施する、カメラ・マイクおよび放送用機材を運用する、配信用システムを構築するなど、放送に必要なさまざまな知識や技術をもちいて本格的なインターネット放送を実施する。ここでは、大学（学生）および「消費者（ツーリストおよび地域住民）」が参加しながら「コンテンツプロデューサー」となっている。

図表２－４　実行フェーズ３：学生によるインターネット放送

実行フェーズ４では、これまで大学（学生）が創作してきたキャラクタを専門家によってハイレベルな“見える”化をすすめる。フェーズ３までに創作したキャラクタに、プロのイラストレータのアドバイスなどを受けながら、丁寧な線や色をあてることで高品質な地域資源をあらわすコンテンツとして表現する（図表２－５）。また創作したキャラクタにプロの声優が特徴的な「声」をあてることで“命”が吹きこまれたコンテンツとして表現される[19]。

図表2－5　実行フェーズ4：ハイレベルな見える化（project758キャラクタ群）

実行フェーズ5では、地域資源から生まれたキャラクタを活かして複数のコンテンツ開発を始動している。ここでは、映像アーカイブとキャラクタ（ナレーション）を融合させた地域資源に関する動画コンテンツや、創作したキャラクタをもとにした声優による音声ドラマやアニメ動画などのマルチメディア・コンテンツを公開している。「コンテンツプロデューサー」である大学（学生）によって創作されたコンテンツは、ツーリズムのきっかけとなるコンテンツとして「消費者」に発信されることになる。

こうした実行フェーズ1から5を経て創り出した代表的なコンテンツは以下のとおりである。

①インターネット放送

地域資源をモチーフとしたキャラクタの創作や地域情報の発信をめざして取り組んでいる動画生配信では、DWANGO社のニコニコ生放送をもちいて計35回の放送を実施、のべ22万5,473

回の視聴を得ている（2014年４月～2018年２月）。また同プラットフォームをもちいた音声生配信では計118回の放送を実施、のべ106万4,973回の視聴を得ている（2017年１月～2019年４月）。加えて、YouTubeをもちいた動画配信では計31回、のべ６万1,717回の視聴を得ている（2019年５月～2021年10月）。

こうしたインターネット放送の累計視聴回数では計135万回以上（2022年12月現在）と、地域活性化にむけた類似コンテンツと比しても一定の成果をおさめている。

図表２－６　実行フェーズ５：①インターネット生放送（第１回ニコニコ生放送）

②映像アーカイブの作成・公開

project758のキャラクタのモチーフとなっている地域資源を中心に、大学（学生）が撮影・編集をおこない、YouTubeなどのオンライン動画共有プラットフォームで映像アーカイブを公開している。これまで地域資源11か所（名古屋港水族館、名古屋市役所、熱田球場、熱田蓬萊軒、妙香園、南極観測船ふじ、亀屋芳広、宮の渡し、堀川、大矢蒲鉾商店、白鳥公園）についてコンテンツを創作して、のべ約19.5万回の視聴を得ており、地域資源の映像アーカイブや地域の観光情報としてもちいられている（2022年12月現在）。

図表２－７　実行フェーズ５：②地域資源の映像アーカイブ

参考：名古屋市［2016］、「再発見！七里の渡しの魅力」、〈https://youtu.be/0A_VK1iQh34〉

③会場型イベントの実施

コンテンツに興味をもった消費者にむけて、2015年から現在までに計９回の会場型イベントを実施している（図表２－８）。たとえば2017年に実施した「project758 サミット2017」では、関東圏、関西圏、中部圏を中心に、北海道・沖縄、海外など広い範囲から計230名の参加があった（図表２－９）。インターネット放送等を通じて地域に興味をもった消費者からこれまでのべ1,600人のイベント参加があり、地域情報の発信や地域への観光誘客につながる効果をみることができる。

図表２－８　実行フェーズ５：③project758に関する会場型イベント

タイトル	場　所	開催日程	参加人数
project758　ニコニコ生放送 公開生放送	名古屋学院大学 白鳥学舎クラインホール	2015年３月	150人
少年ミリオン 1st　トーク＆ライブ	ANAグランドプラザホテル グランコート名古屋	2015年９月	150人
project758 Get Ready For It -名古屋だよ全員集合-	名古屋学院大学 白鳥学舎クラインホール	2016年４月	300人
少年ミリオン 「Live in A」	東京 南青山 Future SEVEN	2016年７月	170人
project758 熱田まるごと収穫祭	名古屋学院大学 白鳥学舎クラインホール	2016年11月	150人
project758 MUSIC LIVE -うたをうたおう-	名古屋学院大学 白鳥学舎クラインホール	2017年２月	150人
project758 サミット2017 -What a Fantastic Night!-	名古屋国際会議場 国際会議室	2017年11月	230人
project758 サミット2018 -また逢う日まで-	名古屋学院大学 白鳥学舎クラインホール	2018年11月	150人
小澤亜李のげんでる!! 公開収録	名古屋国際会議場 国際会議室	2019年３月	150人

図表２－９　実行フェーズ５：③会場型イベント「project758サミット2017」参加者分布図

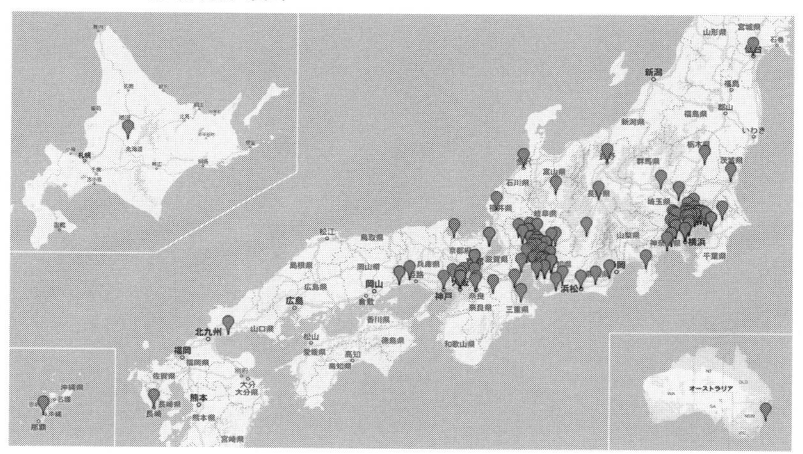

④参加型イベントの実施

コンテンツに興味をもった消費者にむけて、2016年から現在までに計８回の参加型イベントを実施している（図表２－10）。たとえば2020年７月11日～９月１日に実施した「project758 おかえり、みんな。」イベントでは、名古屋市内にある“食”の老舗企業５社（あつた蓬莱軒、妙香園、亀屋芳広、宮商事、きよめ餅総本家）の商品を実店舗またはオンライン購入して、購入した商品の感想などをTwitterで情報発信のうえ、購入したレシートをWebフォームから応募するという参加型イベントを実施している。ここではインターネット放送等を通じて地域に興味をもった計180人のキャンペーン応募があり、新型コロナウィルスの影響下にあったものの、地域情報の発信や地域への観光誘客につながる効果を集計データ[20]からみることができる。

図表２－10　実行フェーズ５：④project758に関する参加型イベント

タイトル	場　所	開催時期
リアル謎解きゲーム 白鳥水物語 ～白鳥しおりと解き明かす幻の水の伝説～	白鳥庭園	2016年４月～ 2016年５月
project758 名古屋 陸海空トライアングルラリー	白鳥庭園・名古屋港水族館・名古屋テレビ塔	2016年６月～ 2016年７月
project758 熱田まるごと収穫祭カードラリー	名古屋市熱田区内５か所	2016年11月20日
あつた謎解き街歩き 歴史編	名古屋市熱田区内 受付：熱田神宮公園管理事務所・白鳥庭園北門	2017年10月
あつた謎解き街歩き 神話編	名古屋市熱田区内 受付：名鉄「神宮前駅」西口ロータリー	2017年11月
project758 まち歩きキャンペーン！	名古屋市熱田区内 受付：名古屋学院大学白鳥学舎	2018年11月24日
おかえり、みんな。キャンペーン	あつた蓬莱軒、亀屋芳宏、きよめ餅、宮きしめん、妙香園	2020年７月～ 2020年９月
758メダルを追え！「758セレクション編」	亀屋芳広、きよめ餅、宮きしめん、妙香園	2021年３月～ 2021年５月

⑤コンテンツに関する展示

名古屋市内にある大型コンベンション施設である名古屋国際会議場の２階ラウンジスペースを利用して、project758の広報および地域情報の発信を2021年より実施している。ここではキャラクタの等身大パネルを21体並べて展示しており（図表２－11)、地域情報を掲載した印刷物も併せて配置することで、国内外からの年間100万人を超える来場者にむけて、地域情報の発信や地域内観光につながる入口（ゲート）としての効果をみることができる。

図表２－11　実行フェーズ５：⑤大型コンベンション施設でのキャラクタの展示

⑥コンテンツを活かした商品開発

コンテンツに興味をもった消費者にむけて、2021年３月から“食”の老舗企業とproject758のコラボレーション商品「758セレクション」を企画・販売している（図表２－12）。ここでは、茶の専門店「妙香園」がセレクトしたティーバッグのセット商品「758ティーバッグセレクション」、名古屋名物きしめんで有名な「宮きしめん」から「でら辛 台湾まぜきしめん（758スペシャルパッケージ）」、地域密着型の老舗菓子店の亀屋芳広から銘菓詰め合わせ「銘菓詰め合わせ彩（さい）」と「宵（よい）」、熱田神宮名物で有名なきよめ餅総本家から「きよめ餅（スペシャルパッケージ）」としてコラボレーション商品を企画・販売している。

こうした５つの実行フェーズでは、コンテンツツーリズムの視点から、大学（学生）を主体とした「コンテンツプロデューサー」が、「消費者（ツーリストや地域住民）」に対して一定の効用をもつコンテンツを創り、発信していく工程となっている。

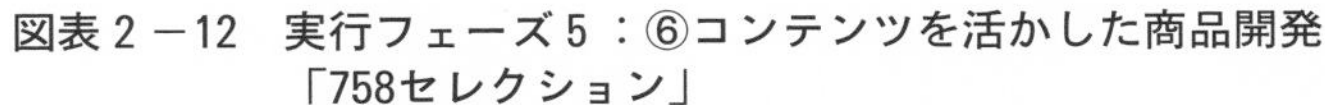
図表２－12　実行フェーズ５：⑥コンテンツを活かした商品開発
「758セレクション」

そして検証（Check）では、国土交通省他［2005］をもとに図表２－13をもちいて、本プロジェクトの観光資源化に向けたしかけとの対応を確認する。[21]

①「情報発信」では、webページやSNS、YouTubeなどのオンライン動画共有プラットフォームをもちいた情報発信をするとともに、市広報紙、新聞・ラジオなど各メディアをとおしたコンテンツ公開および紹介をすすめ、関連書籍の出版などによる観光誘客の導線づくりを実施している。

②「コンテンツの活用に資する景観の保全・形成」では、コンテンツ開発を実施している地域資源等について高精細な撮影をすすめており、地域資源の映像アーカイブ化・公開をとおして保全活動などの一部になっている。

③「コンテンツに関するイベントの開催」では、コンテンツ開発の関係者（声優および学生）が出演する会場型イベントを定期的に実施している。

④「コンテンツを楽しむための演出」では、開発したコンテンツと地域資源を密接にリンクさせた参加型ラリーイベントを実施して地域を訪れたツーリストに体験的にコンテンツを楽しんでもらっている。

⑤「コンテンツに関する展示施設の整備」では、地域と大学の共同イベント時に特設ブースを設けて展示している。また公共施設（名古屋国際会議場）内に地域資源をモチーフにしたキャラクタの常設展示用ブースを設置している。

⑥「コンテンツを活かした特産品開発・ブランド形成」では、モチーフとなっている地域資源（商品）とキャラクタとのコラボレーション商品を企画・販売している。

⑦「人材育成」では、本プロジェクトは学生および視聴者参加型のコンテンツ開発＝PBL型教育[22]であるため最も充実したコンテンツツーリズムへの積極的なしかけとなっている。

以上から検証（Check）の工程では、コンテンツツーリズムの視点からは、大学（学生）、行政、地域企業、地域住民を主体した「生産者」がはたすコンテンツの観光資源化の要件を満たしているといえる。

図表２－13　コンテンツの観光資源化に向けたしかけ

観光資源化に向けたしかけ	コンテンツのタイプ	事　例
	マンガ・アニメ・ゲーム	project758
①情報発信	・テレビ、新聞、雑誌など、各種メディアを活用した情報発信 ・webによる紹介 ・ブログなどによる地域固有の情報発信	YouTubeなどのオンライン動画共有プラットホームをもちいた情報発信。市広報紙、新聞・ラジオなど各メディアをとおしたコンテンツ公開および紹介。関連書籍の出版などによる観光誘客の導線づくりを実施。
②コンテンツの活用に資する景観の保全・形成	・駅舎、商店街におけるモニュメントの設置	コンテンツ開発を実施している地域資源について高精細な撮影をすすめ、地域資源の映像アーカイブ化をとおした保全活動。
③コンテンツに関するイベントの開催	・関係者（作家、監督、声優）の講演会、同行ツアー ・ファン、マニアを集めたコスプレイベント	コンテンツ開発の関係者（声優および学生）が出演する会場型イベントを定期的に実施。
④コンテンツを楽しむための演出	・アニメ列車など、交通機関とのタイアップ	コンテンツのモチーフとなっている地域資源をめぐる参加型ラリーイベントなどを実施。
⑤コンテンツに関する展示施設の整備	・作家の記念館の建設 ・キャラクタ記念館の建設	地域と大学の共同イベント時に特設ブースを設けて公開。 公共施設（名古屋国際会議場）内に地域資源をモチーフにしたキャラクタの常設展示用ブースを設置。
⑥コンテンツを活かした特産品開発・ブランド形成	・コンテンツのイメージを活用した特産品の開発 ・コンテンツのイメージと地域ブランドとの連携	モチーフとなっている地域資源（商品）とキャラクタとのコラボレーション商品を企画・販売。
⑦人材育成	・地元出身の作家の育成	コンテンツプロデューサーとしての学生の参加、および視聴者参加型のコンテンツ開発。

出所）国土交通省他［2005］、p.50をもとに筆者作成

第5章 まとめ

本稿ではコンテンツツーリズムをもちいた地域活性化のあり方について、その経済学的アプローチと愛知県名古屋市での事例をみてきたが、以下を指摘することができる。

第一に、第2章でみたようにコンテンツを活用した観光振興や地域活性化に関する研究は、いまだ事例研究の集積の段階にあり、また経済学的アプローチはほとんどみられない。本稿では、コンテンツツーリズムにおける“コンテンツ”を経済学的アプローチから「価値のある不確実性を減らさない消費財的情報」と定義して、またコンテンツを活用した“ツーリズム”を情報社会が深化するなかでの新しい地域活性化策としてその重要性を指摘した。

第二に、第3章でみたように、観光社会学から援用してコンテンツツーリズムを構成するプレーヤを「消費者」と「生産者」の2者に大別しながらも、情報社会の深化のなかで各主体がはたす役割があいまいになっていることを指摘した。

第三に、第4章にみるように愛知県名古屋市での事例から、大学（学生）、行政、地域企業が「観光プロデューサー」となり、また大学（学生）が「コンテンツプロデューサー」となってコンテンツツーリズムを発展させ、地域活性化をはかるあたらしい取り組みをみた。ここでは第3章でみたコンテンツツーリズムを構成するプレーヤの各特徴を本事例から明らかにしている。

以上、本稿ではコンテンツツーリズムをもちいた地域活性化をみたが、今後の研究では、国内ではさまざまなコンテンツを活用した観光誘客の事例が続いており、他の地域との比較や事例研究をすすめるとともに、さらなるコンテンツツーリズムへの理論的アプローチと、継続的に実施・展開しているプロジェクト「project758」の実証分析を今後にむけた課題としてむすびとする。

【注】

1　知的財産戦略本部［2014］、pp.47-53

2　本稿は伊藤［2014b］をもとに愛知県名古屋市での地域活性化策の継続的な取り組みをみている。

3　Consumer Generated Media。インターネットなどを活用して消費者が内容を生成していくメディア。

4　国土交通省他［2005］、p.49

5　岡本［2012］ではコンテンツ源もデジタルとアナログが存在するとしている。

6　野口悠紀雄［1974］、pp.26-30

7　これらの分析は原理的なものであるため、実際には画然と区別しえない場合もありうるとしている。

8　増淵［2009］、p.37

9　シネマツーリズム、スクリーンツーリズム、ロケ地観光、エンタメ観光などのさまざまな名称でも呼ばれている。

10　筒井隆志［2013］、pp13-14

11　アニメやマンガをはじめとするコンテンツツーリズムについて、コンテンツと関連する地域をデータベース化している「舞台探訪アーカイブ 」を参考にみると、本サイトに登録された作品は2,000を超えており、アニメが圧倒的に多い。

12　岡本［2012］、pp.25-31

13　須藤［2005］、pp.14-21

14　本調査の対象は、札幌市、東京23区、横浜市、名古屋市、京都市、大阪市、神戸市、福岡市に在住する20～64歳で、かつ、各都市の在住年数が5年以上の男女、各都市418サンプル。なお、「訪問意向」については、行きたいを10点、行きたくないを0点として得点を選択。10～8点を「訪問意向あり」、5～7点を中立、0～4点を「訪問意向なし」とし、「訪問意向あり」の割合から「訪問意向なし」の割合の差を算出して指数化したものである。

15　本プロジェクトは2009年から名古屋学院大学商学部伊藤研究室のプロジェクトとして継続的に実施している。

16　詳しくは伊藤［2014a］を参考されたい。

17　委員会の学外構成員委員会は以下のとおりである。名古屋市市民経済局文化観光部、名古屋市市民経済局産業部、名古屋市住宅都市局都市計画部、名古屋市熱田区区民生活部、公益財団法人名古屋まちづくり公社名古屋都市センター、公益財団法人名古屋観光コンベンションビューロー、特定非営利活動法人レスキューストックヤード、日比野商店街振興組合、金山商店街振興組合、熱田区区政協力委員協議会、名古屋市立小中学校長会熱田区会、あつた蓬萊軒、宮商事株式会社。

18　地域資源のキャラクタ化にあたり、コンテンツ開発の５つのフェーズとその公開の方法についての計画を行政および大学・地域に報告して実施に向かっている。

19　なお2014年より取り組んでいる本プロジェクトでは、名古屋市にある地域資源をモチーフとして2022年現在、21体のキャラクタ創作がすすんでいる。詳しくはproject758公式webページ（http://p758.jp/character/）を参考されたい。

20　「project758 おかえり、みんな。」イベント（2020年７月11日～９月１日実施）で得られた集計データは以下のとおりである。

・有効応募者数：180人、有効tweet数：177件、拡散件数：45,204件（フォロワーベース）

・購入方法：実店舗利用…71.5％、オンライン利用…28.5％

・応募者（年齢）：10代…４％、20代…25％、30代…53％、40代…14％、50代…４％

・応募者（居住地域）：愛知県…46％（うち名古屋市 14％）、神奈川県…26％、東京都…11％、千葉県… ５％、大阪府…２％、

群馬県… 2 %、岐阜県・静岡県・京都府・茨城県・埼玉県・栃木県・山口県・新潟県・北海道・沖縄県…各 1 %

21　ここではコンテンツ開発について検証している。これまでの各年度における検証ではアンケート・ヒアリング結果等も踏まえて、企業・行政との反省会および報告会を実施して、改善（Act）としている。

22　Project-based learning（課題解決型学習）。企業や地域、教員もしくは学生自身が設定した課題や目標に対して、学生がチームを作り協力して取り組む教育手法。本プロジェクトにおけるPBL教育の実際については、伊藤［2014a］を参考されたい。

参考文献

伊藤昭浩［2014a］、「コンテンツ開発型PBL教育をもちいた地域活性化―愛知県名古屋市の地域活性化活動を事例に―」、『名古屋学院大学論集』、No.51、No.1、pp.69-80

伊藤昭浩［2014b］、「コンテンツツーリズムをもちいた地域活性化―愛知県名古屋市の地域活性化策を事例に―」、『名古屋学院大学論集』、No.51、No.2、pp.177-188

国土交通省・経済産業省・文化庁［2005］、「映像等コンテンツの制作・活用による地域振興のあり方に関する調査」、http://www.mlit.go.jp/kokudokeikaku/souhatu/h16seika/12eizou/12eizou.htm

国土交通省、文化庁、関東運輸局、近畿運輸局、中国運輸局［2007］、「日本のアニメを活用した国際観光交流等の拡大による地域活性化調査」、http://www.mlit.go.jp/kokudokeikaku/souhatu/h18seika/01anime/01anime.html

増淵敏之［2009］、「コンテンツツーリズムとその現状」、『地域イノベーション』、No.1、pp. 33-40、法政大学地域研究センター

野口悠紀雄［1974］、『情報の経済理論』、東洋経済
岡本健［2011］、「コンテンツツーリズム研究序説：情報社会における観光の新たなあり方とその研究概要の構築」、『Web-Journal of Contents Tourism Studies』、No.1、pp.1-10
岡本健［2012］、「コンテンツツーリズム研究の枠組みと可能性」、『CATS 叢書』、第7巻、pp.11-40
Shannon, C.E., et al. [1949], The Mathematical Theory of Communication, University of Illinois Press.
須藤廣、遠藤秀樹［2005］、『観光社会学　ツーリズム研究の冒険的試み』、明石書店
知的財産戦略本部［2014］、「知的財産推進計画2014」、
http://www.kantei.go.jp/jp/singi/titeki2/kettei/chizaikeikaku20140704.pdf
筒井隆志［2013］、「コンテンツツーリズムの新たな方向性～地域活性化の手法として～」、
http://www.sangiin.go.jp/japanese/annai/chousa/keizai_prism/backnumber/h25pdf/201311002.pdf
名古屋市観光文化交流局［2016］、「都市ブランド・イメージ調査結果」、
https://www.city.nagoya.jp/sportsshimin/cmsfiles/contents/0000088/88204/H28_5_NetMoniter_Siryo.pdf

地域社会と食

諸伏雅代

序章

「食べる」とは誰もが日常生活の中で行う行為であり、人間社会を考えていくうえで、切っても切り離すことができない。「食」は気候・風土、歴史など多くの要素を含み、世界各国の文化や宗教に大きな影響を及ぼしている。そして、現在グローバル化が進行してもなお、それぞれの地域や人々の中に色濃く残っており、グローバル化の速度と比例しないのが「食文化」の特徴でもある。他者と食事をともにすることは、心を育み、他者を思いやり、相手を理解し、人と人（社会集団）の絆を深め、食文化を継承する等、多くの機会を生み出す。

「食べる」ことは人間の基本的欲求であることから、世界のさまざまな宗教の教義に最も数多く取り上げられている項目である。

特にイスラム教は、日常の行動のすべてが信仰であることから、食に関する決まりを守ることは、信仰生活において重要なことである。

しかし、基本的に食の禁忌のない食生活を営む日本人から見ると、イスラム教のみならず、食の禁忌や断食を行う宗教や文化について、知識を得たとしてもその本質を理解することは難しい。一方、日本人にも馴染みのある仏教に目を向けると、食は仏道を成就するためのものと捉えられている。イスラム教の断食や食の禁忌と仏教の食は、表面上まったく異なるように見えるが、それぞれの宗教の説く内容は、食を通じて自己を律し、精神を養い、自己実現、利他を目指すという点で共通しているのである。

近年日本でも広まりつつある異文化理解のひとつとして、食事をともにすることが挙げられる。宗教上の規定により食生活が厳格に制限されているイスラム教徒、一方で食生活に関して制約を受けていない日本人。両者の間には「食べる」という日常の行為の中に大きな違いがある。そのため、正しい情報を得られないことにより、本来であれば人と人の理解や絆を深めるはずの「食べる」機会が、反対に偏見を生みだす原因ともなりかねない。

グローバル化が進む日本において、地域共生社会の実現を目指していくには、正しい知識や情報を得て、正しく他者や異文化を認識する機会を持つことがますます重要となってくる。しかし、日本の教育現場では異文化に対する知識習得の機会は増えてきているものの、実際の社会に目を向けると、まだまだ地域共生社会とは程遠いという現実がある。

そこで本章では、「食」を中心とした視点から、地域共生社会の実現に向けて何を行うことが重要か、教育現場での取り組みを交えて述べていく。

第1章 異文化理解と宗教リテラシー

1．はじめに

近年日本においても街中で外国人を見かける機会が急激に増加している。国連世界観光機関（UNWTO）発表によると2019年に日本を訪れた外国人観光客数は3,218万人となっており、世界12位となっている。また、日本に住む外国人の数も年々増加しており、経済協力開発機構（OECD）の発表によると2018年は約52万人が新たに日本に流入しており、OECD加盟国中５位となっている。法務省発表の2019年12月の在留外国人数は293万人と日本の総人口の2.3%に上る。2020年はじめに世界的に拡大を見せた新型コロナウイルスの拡散に伴い、入国制限、また東京オリンピック・パラリンピックの延期により海外からの観光客数は激減し、また拡大し続けてきた企業のグローバル化も、世界的な人の移動制限と物流の停滞に伴い勢いが低下している。しかし、今後ワクチンの接種率が上がることにより、再び海外から観光客が来日しはじめ、企業活動においても再びグローバル化が拡大し在留外国人も増加するであろう。

日本は島国であり、歴史的に長くほぼ単一民族で構成されていた。しかし、現在は観光客として一時的に日本に滞在する外国人数が増加し、また諸外国に比べて比率は低いとはいえ、在留外国人として日本に暮らす人やその家族が増加していることから[1]、かつてのように異文化の良い側面だけを日本流にアレンジして生活に取り込むのではなく、異文化についてその本質を理解して良い面、悪い面ともに受け入れていく必要に迫られているといえる。またそれとは反対にアウトバウンドの動きに注目すると、日本人が海外で仕事をする機会も格段に増えており、本人のみならずその家族も、突如として異文化の中で生活することになるという変化が起こり得る時代となった。

国内外であれ、人が移動するということは、そこに必ず文化の移動も発生する。このように人の往来が盛んとなった日本において、異文化理解の重要性は年々高まっていると言えよう。とりわけ異文化理解において欠かせないのは、宗教についてである。しかし、日本は第二次世界大戦後、教育現場における宗教教育が認められなかったこと、またオウム真理教や世界基督教統一神霊協会（統一教会）といった新興宗教による事件も加わり、宗教に対して心理的抵抗の大きい人が多いという現実がある。

このように異文化理解の必要性に迫られている昨今、宗教教育に関して無視できない状況が差し迫っているのは自明の理である。教育現場における宗教教育の導入に関しては、長年教育基本法の解釈に基づいた議論が盛んに行われている。しかし、これらはあくまでも教える側の視点であり、実際に異文化理解が必要とされる学生自身が、その必要性についてどのように考えているのか知ることが重要であると考える。筆者は６年間にわたり、異文化理解における講義のシラバスの一部に、宗教文化教育を導入する取り組みを行ってきた。そこで第１章では、講義内容と学生の宗教文化教育に対する反応をもとに、異文化理解が必要とされる時代に向けた宗教教育の必要性について考察を行う。

２．背景

近年日本では外国人労働者、留学生数の増加が著しい。また人口減少に伴う外国人労働者受け入れが本格的に始まったことにより、日本において歴史的に例を見ないスピードで多様性社会への移行が進んでいる。これまで日本に住む外国人は東アジアの国々の出身者が中心であったが、近年は経済発展の著しい東南アジアからの外国人労働者も増加している。また、日本文化への興味の高まりも後押しし、南アジアのみならず、東南アジア、欧米諸国、中東アフリカ地域など世界のさまざまな地域出身の留学生が日本に生活している。日本は近年までほぼ単一民族で構成されていたことから、似通った文化的背景を持ち、ある程度共通した思惟方法を持つ人々の集団によって社会が構成されていた。しかし、海外からさまざまな人材を受け入れはじめた現在では、異なった文化的・宗教的背景をもつ人々と共生していくための新たな努力が重要となってきている。

世界で主要な宗教（キリスト教、イスラム教、ユダヤ教、ヒンズー教、仏教）を信仰する人の数は2016年のデータによると約57億人にのぼる[2]。しかし、日本においては宗教を信仰していないと回答する人が約７割に上り、特定の宗教を信仰する人の割合が諸外国に比べて著しく低いという特徴を持つ。また、教育基本法第９条第２項「国及び地方公共団体が設置する学校は、特定の宗教のための宗教教育その他宗教的活動をしてはならない」という文言が国公立の学校でどこまで宗教について教えていいか常に議論となっており、学校教育の中で宗教について学習する機会がないのが現状である。このような状況もあり、諸宗教に精通しており、学生に教えることのできる教員が非常に少ないという現実問題もある。そのため、学生は歴史の授業で表面的に各宗教の派生と変遷について学ぶ程度の知識を身につけるにとどまり、宗教そのものに関する理解が著しく低いというのが現状である。

しかし、上述したように、日本国内に暮らす外国人、または観光客として日本を訪れる外国人の急速な増加は、日本人がいつまでも異文化、とりわけ宗教に無理解のままでいることが許されない状況である。一般的に個人的な信仰であれば、観光客であれ移民であれ周囲と軋轢が生じるということは少ない。宗教を信仰していないと答える割合が高い日本であっても個人的な信仰に関しては寛容である。しかし、これが宗教文化となると、その国の生活習慣や年中行事として根づいているものが多く、本人も宗教行為として意識せずに生活をしていることが多い。それゆえに、文化の違いが大きい国に住む移民ほど、移住先の国で生活する中で問題が浮上することが多くなるのである。

近年、宗教上の理由により食事面での配慮が必要な人々が世界に多数いることが、観光分野の仕事に携わる日本人の間で広く知られるようになってきた。その背景として、観光客の増加ならびに東京オリンピック・パラリンピックの開催が決まったことが大きく寄与していると考えられる。インバウンドにおいて、宗教上の理由による食事面での配慮が必要なケースとして広く知られるようになった代表例が、イスラム教徒は豚やアルコールが含まれる食品を避けなければならないということであろう。また、イスラム教徒にとって許されたものという意味の「ハラル」という言葉も、特に肉類を扱う飲食業や、さまざまな原料を扱う食品メーカーにおいて知られるようになってきた。

一方でアウトバウンドの動きを見ると、食品を海外に輸出するメーカーにとって、やはりハラル対応またはハラル認証の取得[3]をはじめとした宗教対応を行うことは、海外市場でビジネスを行ううえでは欠かすことができないとの認識が高まっている。また食品メーカーに限らず、グローバル企業が自社商品を展開する市場を多くの国や地域に拡大すればするほど、商品やデジタルコンテンツ等が宗教上配慮すべき点に抵触していないかどうか、確実に知ることの重要性が増してきている。実際に日本企業の中でも、食品業界はもちろんのこと、ゲームコンテンツや映画、またそれに使用される音楽などが宗教上の問題に抵触したことで、訴訟問題に発展したケースや、それに伴いビジネスの進捗が遅れ、企業自体が批判の対象となりブランドイメージを損なうという問題に直面するケースが増えている[4]。このようにリスクセンシティブの観点から宗教文化教育の重要性を認識している企業は年々増加してきている。そのため、グローバル企業ほど、新入社員や中途採用にあたっても、語学のみならず異文化理解が身についたグローバル人材を採用したいという企業が増加してきており、留学生を積極的に採用する動きもこの一環と言えよう。

また、井上道孝が2009年に企業に対して行った意識調査によると[5]、宗教問題に関する必要性として最も回答数が多かったものが、「商品に関して、宗教上の戒律からくるトラブルを未然に防ぐための情報を提供する信頼できる民間団体」20.2%であった。また「国外に社員・従業員を派遣するときに、宗教的な基礎知識を与えるための研修をしてくれる団体」も14.5%となっており、海外にビジネスを拡大するにあたり、宗教問題を無視できないという現実を企業は強く意識していることがわかる。このことからも、教養として宗教文化について学ぶ機会を教育機関に導入する必要性が高まっていることがわかる。

筆者は実務において、イスラム圏へのビジネス拡大についての相談を受けている。その中でも飲食関連のメーカーはもちろんのこと、衛生用品や化粧品など肌に直接触れるものを取り扱うメーカー、そして近年ではゲームコンテンツを作成する企業から作品の表現等に関する相談が増えていることを肌感覚で実感している。また、国内でもイスラム教徒への食事対応等についての相談を受けることも多い。そして、従業員にイスラム教徒を雇う場合などは配慮すべき点についての相談も受ける。これらを通じて感じるのは、例えばイスラム教徒の場合、生活面において、宗教上の理由により禁じられていることや守らなければいけないことがある、といった表面的な知識しか持ち合わせていない人々が非常に多いということである。何故彼らはそれを守るのか、あるいは何故それを避けるのか、という根本的な点が全く理解されていないという点に大きな問題があると感じる。宗教文化を学ぶということは、ビジネスのみならず日常生活においても、彼らの行動や思惟方法を理解することにつながり、異文化理解が促進されるのである。フードダイバーシティ株式会社が行った調査によると[6]、イスラム教徒が日本で働く際に基準としていることの１位がイスラム教徒に対する理解がある（約27%）となっており、実際に就業中の礼拝が認められないために転職を考えている人もいるという。現実問題としてこのようなことが起きているものの、実際に退職する際に、イスラム教徒本人が退職する本当の理由を企業側に語ることは少ない。そのため、企業側が異文化理解に乏しいことが優秀な人材確保の損失につながっているということに気づくことができず、社内の制度改革ができないというのが現状である。このような点からも、早い時期からの宗教文化教育導入の必要性を強く感じる。

井上道孝は「他を理解するとともに自らを理解するという点

が、宗教文化教育の根幹にある」と述べている[7]。筆者もイスラム圏と関わりそれを理解しようとする中で、自分自身の「当たり前」とは何か、そして日本の文化とは何かという問題を考えさせられる場面を日々突き付けられている。このような疑問を持ち、異文化のみならず自分の文化を客観的に見直す機会を与えるという意味においても、宗教文化教育は重要であるといえよう。

3．講義の構成と特徴

近年、異文化理解に関する講義は、大学の一般教養や語学の学習においても導入されはじめている。しかし、国際学部や観光学部といった、異文化にはじめから興味を持って専門的に学習しようという学生に比べると、一般教養や語学を通じて異文化理解を学習する学生の意欲が高いとは考えにくい。日常生活やビジネスなどさまざまな場面で異文化理解が必要とされる今日、できるだけ多くの学生が単位取得を目的とした学習ではなく、むしろ興味をもって学習し、得られた知識を各自の専門分野にまで生かせるような工夫することが、非常に重要になると考えられる。また先に述べたように、宗教に対する心理的抵抗の大きい人が多い日本において、学生に興味を抱かせる講義を行うには、シラバスの構成と講義内容の工夫が大きく問われる。

筆者の担当した講義は誰でも受講可能であるものの、東洋大学経済学部総合政策学科の特別講義として行われたものであることから、毎年約８割の受講生が経済学部総合政策学科の学生であった。そこで、宗教文化教育を経済や政策立案に生かせる内容として構成することに重点をおいてシラバス構成を行った。また、他学部の受講生が自分の専門分野にも宗教文化を生かせるよう配慮し、特に課題提出に関しては、各々の所属する学部の視点からのテーマで書けるよう出題内容に工夫を凝らした。前期後期の30回の講義を行うにあたり、特に工夫を行った点を列挙する。

①高校までで学習してきた内容をできるだけ盛り込み、高校までの選択教科が何であれ、講義についていけるようにする。

②講義内容と実生活が乖離しないよう、身近な話題や直近のニュースで取り上げられた話題などを多く盛り込む。それにより、学習内容が身の回りの生活と結びついていることを自覚させ、毎回講義に期待と興味を持てるようにする。

③宗教を特別なものとして個別に取り扱うのではなく、自然や風土から派生した文化のひとつとして取り扱うことで、生活やビジネスと強く関連していることを自覚させる。

④宗教文化が身の回りの生活やビジネスの場面でどのように生かされているのか、グループワークやレポート等の課題を課すことで、学生自身に考えさせる時間を導入する。

⑤④の取り組みに対して必ず発表する場を与える。また非対面講義であれば、学生の提出した課題をまとめてフィードバックを行い、受講生がほかの学生の意見を共有できるよ

うにする。

⑥毎回講義の中で何回か学生を指名して必ず意見を述べてもらい、一方的な講義を行わない。この点については、日本人の発言の少なさ、外国では自分の意見を述べることが重要であるという理由を最初に学生に解説したうえで、積極的参加を求めている。

⑦その日に学習した内容が現実社会でどのように生かされているのか、講義で例を挙げる。また、学生にはレポートやアンケートの形で振り返りを行ってもらうことで、異文化理解が日本国内に住んでいても身近な内容であることを自覚してもらう。

以上の点を意識して講義を行った。また、毎年前期・後期の最終講義で学生にアンケートを取ることで、翌年度のシラバスや講義方法に改良を加えて取り込んだ。

次に、実際のシラバスの構成がどのようなものであったのかについて、以下に記載する。①から③が前期のシラバスの構成、④から⑥が後期のシラバスの構成である。

①初回講義では各々の考える多様性社会についてはじめに記述してもらうところからスタートする。これは、講義終了時に再度読み直して、自分の成長した点、新たに得た知識やものの見方について気づきをえてもらうために導入しており、学生自身が自分の成長に気づくきっかけとなっている。また、多様性社会になるほど、相互理解を促すためのコミュニケーションが重要性を増すこと、また日本人の発

言の少なさが誤解を生みやすいことなどを説明し、講義で自分の意見を述べることの重要性について解説を行う。

②異文化に興味を持ってもらうために、身近な話題について学習する。各講義の内容は、肥満、生活習慣病、睡眠、医療、高齢化、貧困、ファッションなどである。すべてにおいて共通しているのは、海外と日本の現状の両方を取り扱う点である。特にファッションについては、文化と宗教の両面から取り上げ、日本ではまだ馴染みの薄い、宗教による服装規定に関して考える機会を与えている。

③②で異文化や海外に興味を持ったところで、「食」を主軸に据えた内容に移行する。はじめに食と文化について地理・歴史・味覚などさまざまな点から解説を行う。その後、食と観光（食の宗教対応含む）、食糧問題（未来の食）、在留外国人における食（生活面のみならず、非常食における宗教対応の現状等）、日本食の海外展開（宗教対応含む）について学習を行う。この中で、宗教に対応したメニューや非常食などを企画する取り組みを導入している。

④多様性社会の理解のために、生理学的視点から視覚、嗅覚などに障がいを持つ人について、また性のあり方について学習し、それぞれ海外と日本について学習する。

⑤④で世界だけではなく、自分の身近な世界が多様な人で構成されているということを理解したところで、宗教についての学習に入る。はじめに世界で信仰されている主要な宗教、日本における宗教について学習する。ここでは、外国

人に日本の宗教について説明を求められたことを想定して各学生に記述をしてもらう。宗教に抵抗を持っていたり、自分は関係ないと思っていた学生も、この作業を通じて、日本のしきたりや伝統文化の中に、神道や仏教から生まれたものが多数あることに気づく。この作業ののちに、各宗教が大切にしていることや考え方、また宗教に関連した祭儀や祝日について学習する。そしてこれらの祭儀や祝日を人の動きやビジネスと関連させることで、グローバル化した時代には宗教文化を知ることが欠かせないことを学習する。

⑥これまでの総まとめとして、直接投資について学習する。ここではグループワークを必ず取り入れており、決められた商品を海外で販売する会社を設立するという前提で課題に取り組み発表を行っている。取り扱う商品の宗教対応、直接投資先の国の宗教や文化、雇用する社員がさまざまな宗教を持っていることを調べることで、通年で学習してきたことが実務上どのように生かされるのか、多くの学生がここで実感できるようになっている。

4．宗教文化教育に関するアンケート調査

上記の講義を受講した学生に対し、宗教文化教育をどのようにとらえているのか知るために、後期の講義最終回でアンケート調査を行った（2021年1月実施）。受講生のうち、回答のあったものは58名（61%）であった。以下がその結果である。

［質問１］小中高で宗教に関する教育を受ける機会がありましたか。

①なかった：37名（63.8%）

②あった（非宗教系の学校に通っていた）：18名（31.0%）

③あった（宗教系の学校に通っていた）：３名（5.2%）

［質問２］質問１であったと答えた人のみ回答してください。いつ宗教に関する教育を受けたか回答してください（複数回答可）。

①小学校：８名（24.2%）

②中学校：９名（27.3%）

③高校：13名（39.4%）

［質問３］質問２で回答した人のみ回答してください。どのような形で宗教に関する教育を受けましたか。

①授業の時間内に学習した：14名（46.7%）

②講演など課外授業で学習した：８名（26.7%）

③外国人や生活に配慮の必要な宗教をもつ同級生がいた：２名（6.7%）

④オリンピックやイベントに付随して特別授業などがあった：２名（6.7%）

⑤その他：１名（3.3%）

［質問４］食や祭事など身近なテーマから宗教について学びましたが、理解しやすかったですか。

①はい：58名（100%）

②いいえ：０名（０%）

［質問５］宗教について知ることは、外国人や特定の宗教を信仰する人に対する偏見をなくすことにつながると思いますか。

①はい：58名（100％）

②いいえ：０名（０％）

［質問６］今後興味をもって調べてみたい宗教は何ですか（複数回答可）。

Ａ．キリスト教：33名（29.2％）

Ｂ．イスラム教：22名（19.5％）

Ｃ．ヒンズー教：８名（7.1％）

Ｄ．ユダヤ教：９名（8.0％）

Ｅ．仏教：19名（16.8％）

Ｆ．神道：19名（16.8％）

Ｇ．その他：１名（0.9％）

Ｈ．特になし：２名（1.8％）

［質問７］今後どのような場所（場面）で宗教について学んだ知識を生かせると思いますか（自由記述）。

- ビジネス（多国籍企業、海外勤務、マーケティング）：21名
- 外国人と接するとき：20名
- 日常生活でいろいろな人と出会う中で：９名
- 留学や海外旅行：７名
- オリンピック：４名
- 観光客に対応するとき：３名
- 子供に宗教について話せる（塾講師、学校教師、自分の子供）：３名

・宗教に無理解な人に出会ったとき：１名
・展示会やイベント：１名
・趣味：１名

［質問８］異文化理解の促進ならびに多様性社会への移行にあたり、どの時期から学校で宗教について学ぶべきだと思いますか。

①小学校：32名（55.2%）
②中学校：21名（36.2%）
③高校：５名（8.6%）
④大学：０名（０%）
⑤必要ない：０名（０%）

［質問９］質問８で回答した理由について述べて下さい（自由記述)。

小学校と回答した理由

・早いうち（考えが柔軟、心が形成される時期）に学んだ方が異文化理解が深まり、多様な価値観や柔軟な考えが身につく：14名
・早いうちに学んだ方が、いじめ、偏見、誤解、差別をなくすことができる。マイノリティを理解できるようになる：15名
・早いうちに学習することで、後々いろいろな知識を身につけやすくなる：３名
・給食、食べ物、服装が違う子の理解につながる：２名
・自分が小学校で学んで役立っている：１名

中学校と回答した理由

- 小学校は早すぎるので、ある程度の教養や見聞が身についた中学校からの方がよい：12名
- 歴史（日本史、世界史）、公民など学習する時期にあわせる方がよい：３名
- 義務教育の最後だから、社会に出るまえに学んだ方がよい：２名
- 中学校になると社会とのかかわりが増えてくるから：２名
- 早い時期に学ぶ方がいいが、ある程度の理解度ができる年齢でなければ、かえっていじめや差別に発展してしまうから：１名
- 自分が小学校で学んでも難しかったから：２名

高校と回答した理由

- モラルや道徳的な部分、人格が形成されてからのほうがよいから：２名
- 考える力が身についてからのほうがよいから：２名
- ある程度の歴史を学んでからのほうがよいから：１名

５．考察

アンケート調査結果の［質問１］から、宗教についてまったく学習したことのない学生が63.8%おり、宗教についての学習は小学校から高校までの教育機関では半数以上で行われていないことがわかった。また［質問２］から、［質問１］で宗教につ

いて学習したと回答した学生のうち、高校で学習したという回答が39.4％と最も多く、義務教育ではあまり学習の時間が設けられていないことが読み取れる。これらの学生がどのような形で宗教について学習をしたかについての質問が［質問３］である。該当者21名のうち、授業時間内に宗教について学習したという学生が14名いた。内訳は宗教系の学校に通っていた３名、非宗教系の学校に通っていた11名であった。この11名が歴史の授業等で学習した宗教の概要を宗教学習としてとらえたのか、あるいは宗教に踏み込んだ講義を宗教学習としてとらえたのかは、筆者の設問の仕方の問題で読み取ることができない。しかし、全回答者の中で非宗教系の学校に通っていた55名のうち、授業で宗教教育を受けたことのある学生数が11名（20％）であったという数字だけを見ても、現在のところ高校卒業までに宗教について学ぶ機会が非常に少ないということがわかる。

次に、シラバスの構成に関連する［質問４］について見ると、受講者全員が宗教文化という側面から宗教について学ぶことに対して抵抗がないことがわかる。また、［質問５］の結果から、宗教文化を学習することは、外国人に対する偏見や特定の宗教を信仰する人に対する偏見をなくすうえで重要だと受講者全員が認識していることがわかる。受講者のうち１名（国際観光学部）を除くほかすべての学生が異文化理解とは関連のない学部に所属していた。この点を併せて考察すると、異文化理解を促すための宗教学習において、宗教文化という側面から学習に入る方法は最適であり、学習効果が高いといえる。

次に、今後学んでみたい宗教について複数回答で回答を求めたところ、上位をキリスト教、イスラム教、仏教、神道が占めた。第2章において井上道孝の述べた「他を理解するとともに自らを理解するという点が、宗教文化教育の根幹にある」という言葉を取り上げたが、［質問6］の結果から、学生が宗教文化の講義を通して、世界的に信仰者の多い宗教のみならず、日本で信仰されてきた宗教にも強い興味を示したことがわかる。このことから、宗教文化教育には出自の文化を学習したいという意欲を引き出す効果があるといえる。

次に、学んだ知識をどこで生かせるか自由記述を求めた［質問7］をみると、ビジネス（多国籍企業、海外勤務、マーケティング）が21名、外国人と接する際が20名であった。このことから、シラバスの構成を工夫し、宗教文化という視点から学習することにより、単に学問としての宗教理解ではなく、実生活や実務など身近な生活へ応用ができることを、学生が自ら認識することができたことがわかる。特に、最も回答の多かったビジネス（多国籍企業、海外勤務、マーケティング）という回答結果から、経済や政策立案に生かせるように意識したシラバス構成は、経済学部の学生が実務面と結びつけて考える力を養うことにつながったといえる。

最後に、どの時期から宗教について学ぶべきか［質問8］の結果を見ると、小学校が最も多く（55.2%）、次いで中学校（36.2%）、高校（8.6%）、大学（0%）となっており、早い段階からの学習の必要性を挙げる学生が多かった。その理由［質問9］を見ると、偏見やいじめをなくすために、早い時期から宗教文化について学習する必要性があるというものが多い。導入時期のばらつきが生じた理由としては、発達段階や理解力などを根拠に挙げているためと考えられる。筆者がとりわけ注目したい理由は、すべての学生が一度は宗教文化を学べるよう義務教育期間中に学習すべきであるという意見である。異文化理解とそれに関連した宗教文化教育の必要性が高まる今日、義務教育期間中にこのような学習に触れることの意義は大きい。教育現場での導入ならびにその時期を考えるうえで重要な視点といえる。

６．まとめ

これまで、高校を卒業するまでに、宗教に関する教育を受ける機会が乏しい現状について触れてきた。しかし、小学校中学校では、外国人がクラスにいる、在日外国人二世がいる、外国で生活して帰国した日本人がいるという割合は増えており、異文化理解は待ったなしの状況である。宗教の違いや生活習慣の違いを理解する必要は増しており、いじめや差別をなくすためにも、宗教に関する知識を教育機関で受ける必要性が年々高まっている。

またグローバル化が進む現在、将来海外で生活する機会が生じる可能性がある。その際、宗教に関する基本的な知識を得ておかなければ、生活をするうえで困難が生じる。これらのことから、宗教をはじめとした国や民族ごとの価値観の違いを、義務教育の段階で身につける必要があるのではなかろうか。これは現に学生に対するアンケート調査結果からも明らかである。日本国憲法第20条に述べられた「国及びその機関は、宗教教育その他いかなる宗教活動もしてはならない」、また前掲の教育基本法第９条第２項「国及び地方公共団体が設置する学校は、特定の宗教のための宗教教育その他宗教的活動をしてはならない」という文言は、広く世界で信仰されている宗教に関する知識教育も該当するのであろうか。特に宗教文化教育は、食習慣・祭祀・習俗的伝統など、世界各国に生活の一部として生きている文化を学習することであり、異文化のみならず、自分と違う他者を理解することにもつながるため、むしろ積極的に教育現場に導入すべき内容だと考える。

宗教学者のリチャード・ガードナーは「他者や異文化や他宗教を理解しようとする試みは自分の世界観や人間観の問い直しにつながりうる。（中略）自分とは異なる文化や宗教に接した人は、新奇で未知なものを解釈し理解するプロセスへの取り組みを迫られる。その過程で自分の属する文化や宗教の依拠する前提を初めて意識し、その正しさの問い直しに向かうこともよくある」と述べている[8]。つまり他の文化と宗教に出会い、それを理解しようと試みることにより、自分たちは何者であるかという見方が変わり、集団の一方が他方を支配するのではなく、相互関係に基づく新しい人間の姿を見出す可能性があるのだという。

毎年初回の講義で、学生に受講理由を記述する課題を出している。その中に、一生日本で生活するつもりであり、地元で公務員になりたいので外国に興味がないと記載する学生が毎年何名かいる。しかし、毎年講義最終回に行うアンケートでは、講義を通して将来留学したい、海外旅行をしたいという気持ちが生まれたと回答する学生がみられ、実際に交換留学プログラムに参加するなど大きな行動変容が見られた。また、今回行った講義最終回のアンケート調査から、宗教を学ぶ大切さを受講者全員が認識したことも明らかになった。学生が異文化や他宗教について講義で学んだ結果、新たな視点で日本を知りたいという意欲が生まれたと考えられ、リチャード・ガードナーが述べていることが検証された。

多様性社会に移行するということは、多文化がそこに混在してくる。そこには言葉・宗教・食事・祭礼等多くの人間の営みが関わっている。それぞれの伝統文化について知識を身につけ、そのうえで相手を尊重しながらお互いに意見を交わしていかなければ、偏見やいじめのない地域共生社会は成り立たない。そのためには、宗教文化教育を学校教育に導入することは重要であるが、単に知識の習得に偏りがちな日本の教育において工夫が必要と考えられる。まず一つ目は、学生へのアンケート調査から、小学校・中学校・高校とその理解力や社会性の範囲に適した内容が教えられることが望ましいということである。その場合は、現在教育現場に足りていない宗教文化教育を行える教員の養成、あるいは外部講師の導入等が重要となってくる。しかし、教員の養成は時間がかかることから、小学校ではどの教員でも対応できるような、外国文化に触れる機会をつくるなど、経験を主とした授業を導入するだけでも効果は大きいと考える。

そして二つ目は、正しい知識を身につける教育の必要性である。現在インターネットやSNS上には宗教に関するたくさんの情報が流れている。またメディアの情報であっても、それは切り取られた情報であることから、情報の受け手に知識がなければ情報の正確さを判断できない。そのため、宗教文化教育を通して、宗教に関する情報に接する際の宗教リテラシーを養わなければ、かえって受けた情報から偏見を生み出しかねない。このようなことを避けるためにも、宗教文化教育の中で、世界の宗教について知識を得ることは重要である。

そして最後に、宗教心理学的側面から考えると、自分自身が宗教を信仰していなくとも、何かを信じる人を理解しようとすることは、信仰とは何かについて考える機会となる。それは生きるとは何かといった人類に共通した問いを持つことにつながり、自分自身の人生をより良いものにし、他者を理解する力を養うことにもつながる。このような機会を学生のうちに持つことは、精神面の成長にも良い効果があると考える。

これまで長年に渡り、専門家による宗教教育の導入に関する議論が行われてきた。しかし今回のアンケート調査を通して、グローバル化が進む社会をこれから生きていく学生の視点を加え、宗教教育の導入について議論することが非常に重要であると考えられる。これは宗教教育のみならず、日本社会のさまざまな点においていえることである。日本人のみで構成された専門家集団の議論のみならず、若年層の視点を加えた議論こそ、まさにこれからの地域共生社会のあるべき姿であるといえよう。

第2章 地域共生社会と未来の食

1．はじめに

近年日本では外国人労働者、留学生の増加が著しく、また人口減少に伴う外国人労働者受け入れが本格的に始まったことにより、在留外国人数[9]が増加している。法務省発表のデータによると2021年12月現在の在留外国人数は約276万人、人口の約2.2％を占めており、歴史的に例を見ない速さで多様性社会に移行しているといえる[10]。在留外国人の出身地域をみると、アジアが約84％（中東地域含む）を占めている。これまで日本に住む外国人は東アジアの国々の出身者が中心であったが、近年は経済発展の著しい東南アジアからの外国人労働者、留学生も増加している。また、日本文化への興味の高まりも後押しし、南アジア、中東アフリカ地域、欧米諸国など世界のさまざまな地域出身の留学生が日本で生活している。

第１章で述べたように、世界の主要宗教信徒人口を見ると、主要な宗教を信仰する人だけでも約57億人にのぼる。2022年に世界人口が80億人に達したことから、主要な宗教を信仰する人の割合は約71%に相当する。日本において、宗教を信仰していないと答える人が約70%であるのと対照的である[11]。日本はほぼ単一民族で構成されていたことから、独自の文化が形成されてきた。現在の日本の状況を見ると、欧米の文化・技術などさまざまなシステムを取り入れた生活に適応しているが、日常生活やビジネスなど、生活の根本的な部分においては、日本の風土において形成された思惟に基づいて行われている。このことから、在留外国人の生活習慣や価値観を理解することは重要であり、特に生活に直結する文化的・宗教的背景を理解することは欠かすことができない。

日本は海外からの観光客誘致とその対応に力を入れ、2019年の訪日外客数は約3,188万人まで増加した[12]。また2020年の東京オリンピック・パラリンピック開催に向けて、宗教・ジェンダー・障がいなどさまざまな視点から、ハード・ソフト両面の改革において議論がなされ、教育機関でも異文化学習の機会が設けられた。しかし、世界的に拡大した新型コロナウイルス感染拡大の影響により、2020年の訪日外客数は約411万人と前年の約12.9%まで減少し、2021年の訪日外客数は、東京オリンピック・パラリンピックに海外からの観戦客を受け入れなかったことも影響し、約24.5万人と2019年の約7.7%にまで減少した。この間新型コロナウイルスに関連する問題への関心が一気に高まったこともあり、多様性社会への理解と関心が低下したように感じる。

一方で在留外国人数の変化を見ると、新型コロナウイルス感染拡大前（2019年）の約293万人と比べ、2021年末は約276万人に減ったものの2019年の約94％であり、これは訪日外客数の落ち込みとは比にならず、異文化理解は待ったなしの状況であるといえる。観光庁をはじめとしてさまざまな観光団体がイスラム教徒（ムスリム）の生活や対応についてマニュアルを出版したことからもわかるように[13]、特にムスリムに関しては生活をともにするうえで文化的・宗教的背景の理解が欠かせない。

法務省発表のデータの在留外国人出身国内訳を見ると、イスラム協力機構加盟国[14]出身者だけでも約11万6千人が日本に暮らしている。店田（2019）の調査によると在日ムスリム人口は、2018年6月末の時点で、約20万人（うち外国人ムスリムが15万7千人、日本人ムスリムが4万3千人）と推定されている。この数は現在の日本の総人口の約0.16％にしか過ぎない。しかし、住民として受け入れている地域において、宗教と生活が切り離せない人々を理解することは、近年多発している自然災害のように生活が脅かされる状況において、対策を立てるうえで欠かすことはできない。宗教上の食の制限がある在留外国人は、ムスリム以外にもヒンズー教徒、また一部の仏教徒やキリスト教徒でも見られ、特に非常食について考える際にも重要である。在留外国人を囲む問題を食の視点から捉えることは、日本のマイノリティや弱者にとってもメリットをもたらし、また外国人観光客への対応にもつながる。

近年、このような宗教による食の規制以外にも、環境問題、健康問題、体質、主義など多くの理由で代替食に対する注目が高まっている。特に技術革新により代替食の価格も下がってきたことから、これらが食の抱える問題を解決する可能性について指摘する報告が出てきている。しかし、代替食という新しい取り組み故に、どこまで社会に受け入れられ、どのような効果をもたらしているのか、という点については結果が出て議論される段階に達していない。そこで第２章では、代替食や食のテクノロジーが多様性社会に移行する日本の食にもたらす可能性について考察することを目的とする。

２．ハラルに関する現状と学生の視点

２－１　日本におけるハラル対応食品の現状

ムスリム観光客が増えるに従い、『ハラル認証』という言葉を耳にする機会が増えた。ハラル（Halal）とはアラビア語で許された、法によって認められたという意味である。これはシャリア（イスラムの教義に基づく法令）に従って許される物・行為のことを指し、反対に禁じられた物・行為をハラム（Haram）と呼ぶ。このハラル・ハラムの概念は食事内容、食事の方法、結婚、離婚、遺産相続、身だしなみ、孤児、信仰、犯罪、契約、金融などあらゆることに適用される。食品におけるハラムとしてよく知られているのが豚とアルコールである。これ以外にもハラムとして食べてはいけないものの代表として、アラーの名の下に鋭利な刃物で動物の頚部を切り一息で死に至らしめ屠殺

されていない動物、そして血がある。これらハラムの原材料を含まず、サプライチェーンにおいてもハラムを含むものと厳格に分けられて管理されていることが証明された食品に対し、『ハラル認証』が発行される。実際にハラル認証取得費用の高さ、ハラル専用の生産ライン増設にかかるコスト、取得したハラル認証によっては他国で通用しないといった諸問題から、日本ではハラル認証を取得する食品メーカー、あるいはハラル認証を受けた食材のみを取り扱うレストランは非常に限られている[15]。

観光客の増加、東京オリンピック・パラリンピックに向けて「ハラル」という言葉の知名度が上がってはきたものの、現実はどうなのであろうか。日本最大のムスリム向けレストラン検索サイト「ハラールグルメジャパン[16]」で検索をかけると、“ハラル認証レストラン”は全国に178店舗、そのうち“日本料理店”に絞って検索すると29店舗しか表示されない。検索基準を緩め、“ハラル料理の取り扱いあり”で検索をすると、全国に682店舗、そのうち“日本料理店”で検索すると138店舗が表示される。ムスリムに限らず、他にも食の制限があるヒンズー教徒や仏教徒を想定して“ベジタリアン料理の取り扱いあり”で検索をすると全国に579店舗、そのうち“日本料理店”に絞って検索すると113店舗しか表示されない。日本料理店以外のレストランは、アラブやインド料理、もともとハラムの食材を使わないカフェなどが表示され、日本独自の食品やレストランは少ないことが見て取れる。あくまでもレストラン検索サイト上の結果なので、この数値が正確な店舗数を表しているとはいえないが、全国にハラル食品を食べられるレストランが少ないことは想像に難くない。

次に、留学生が多い大学の食堂ではどれだけ対応されているのだろうか。大学生協連合会[17]のサイトに掲載されたハラルメニューを導入している大学数を見ると、2014年が25大学、2017年には47大学と倍近くに増えたものの、2019年には42大学に減少している。2021年の全国大学数が805校（そのうち大学院設置が652校[18]）であることを考えると、ムスリム留学生が在学する大学数自体が限られているとはいえ、ムスリムが在籍している教育現場でさえ宗教を配慮した食に対応しているとは言い難いのが現状だといえる。

筆者は、東洋大学経済学部総合政策学科の特別講義において、宗教と食についての講義を行う中で、このような現実を学生により理解してもらう取り組みとして、ムスリムが食べられる食材を探すという課題を出した（2022年６月実施）。回答者数は107名であった。学生にはわかりやすいようにハラル認証を取得した食品を“ハラルマークがついた食品”として出題している。調査に要した日数は１日が20名（18.7%）、２日が31名（29.0%）、３日が46名（43.0%）、４日が７名（6.5%）、５日が２名（1.9%）、６日が１名（0.9%）であった。学生が調査を行った場所は表１の通りである。

ハラル認証がついた食品を見つけることができたかという質問に対して、「はい」36名（33.6%）「いいえ」71名（66.4%）であった。ハラル認証を見つけることができなかった学生が約2/3近くに上ったことがわかる。

表１　食材を調べた場所（複数回答可）	人　数
大型スーパー・ショッピングモール	40（19.7%）
小型スーパー（近所の小さなスーパー等）	62（30.5%）
コンビニ	67（33.0%）
小店舗（物産館・個人商店・期間限定ショップ等）	2（ 1.0%）
輸入食材店	13（ 6.4%）
外食店（レストラン・ファストフード等）	7（ 3.4%）
その他	12（ 5.9%）

表２　ムスリムが食べられる食品を見つけられたか	人　数
すぐに見つけられた	4（ 3.7%）
見つけたが時間がかかった	20（18.7%）
見つけたが非常に時間がかかった	13（12.1%）
見つけたが本当に大丈夫か自信が持てない	49（45.8%）
全く見つけられなかった	21（19.6%）

次にハラルと認められていない食品で、豚や豚由来製品、アルコールの入っていない、ムスリムが安心して買える食品を見つけることができたか（今回は牛肉や鶏肉が入っていてもよいものとする）という質問を行った（表２）。その結果、86名（80.0%）はムスリムが食べられる食品を見つけたものの、半数以上の49名は本当にムスリムが食べても大丈夫な食品か自信が持てないと回答した。

また、実際に課題に取り組んだ感想についても学生に記述してもらった。その中でも、ほぼすべての学生が記述した感想が「ムスリムが食べられる食品があまりに少なくて驚いた」「日本でムスリムが生活するのは難しいと思った」という内容である。次いで多く見られた感想が「ハラル食品でなくても『これなら食べられるだろう』と思って原材料を見てみると、動物由来のエキスやショートニングが使われているものが多く、日本でイスラム教徒が食べることのできる食品を手に入れるのは、簡単なことではないと感じた」というように、豚由来製品が入っていないと思われる食品にさえ、それらが添加されている食品が多いという現実に驚いたという内容である。また、「日本語で書かれたパッケージや国産の食品にはハラルマークは見つからず、外国語で書かれたパッケージの食品の中にはハラルマークがついているものを見つけることができた」という記述も多かった。

その他の感想として「店員にハラルのマークがついた商品があるか聞いたところ、ハラルのマークの存在を知らなかった」「スーパーでバイトをしているが、ハラルマークがある商品を見つけられなかった。日本人のためのスーパーだとわかった」「日本で暮らしていていろいろ勝手が分かっている私でもまったく見つけられなかったので、初めて日本に来た外国の方でイスラム教の人は食べられるものを探すのに大変苦労するだろうと感じた」「スーパーなどにハラルフードコーナーとかあったらいいと思った」「宗教の面だけでなく、文化なども含め互いを認め合えるような社会にするために、学校教育をはじめ、異文化理解を学べる環境を広めていくべきだと考えた」という内容が見られた。

実際にハラル認証のついた食品を見つけた学生が約33.6%い

たが、個別に見ていくと、輸入食品店を見た学生が多く、大型店で見つけた学生は、外国人が多く住むエリアなどの店舗をめぐった可能性が高いと考えられる（課題に取り組んだ地域については回答を求めていない）。学生は自分の足でハラル対応食を探すという課題として実際に取り組んだことで、いかにムスリムが食べられる食品が足りないか、また日本がムスリムへの理解が広まっていないかという現状に気づくことができたといえる。

講義ではムスリムが食べられるハラルに限定せず、ヒンズー教やユダヤ教といったその他の宗教の食の規定についても取り上げ、３回シリーズで講義を行った。３回の講義終了時に学生が書いた感想で多く見られたのは、「多様な宗教に基づいた食文化を自国の食文化に柔軟に取り入れ、誰でも食事が楽しめるようにすることで、日本はますますグローバル化し、多文化共生の国を目指せるだろう」「日本のことだけでなく海外のこと・事情にも一人ひとりが目を向ける必要性がある」「知るということを重ねることは、異文化理解に繋がっていく」というものであった。

多くの学生が述べていた点は、在留外国人の置かれた現状、日本が多様性社会に向かうに当たって足りない点、また学ぶこと・知ることの大切さについてであった。在留外国人の置かれた現状を、身近な食という面から認識することができたという意義は大きい。また３コマという限られた時間の取り組みで、学生に大きな意識の変化をもたらしたことから、人々の意識を変えるには知る機会を提供することがいかに大切かということが示された。

2－2　日本におけるハラル対応非常食の現状

近年、地震や豪雨・豪雪といった大規模な自然災害が全国で頻発している。このような自然災害発生時に取り残されがちなのが「災害弱者」や「情報弱者」に該当する在留外国人や外国人旅行者である。1995年に発生した阪神・淡路大震災後、特に在留外国人が災害発生時に情報弱者に立たされたという報告が目立ち始めた。1995年当時の在留外国人数は約185万人で現在より約100万人少なく、訪日外客数も335万人と、2019年（新型コロナウイルスによる移動制限以前）の約10.5%であった。2011年の東日本大震災による在留外国人の被災状況について情報弱者の問題が取り上げられたものの、在留外国人に関する報告は多くない。これは2010年の岩手、宮城、福島３県の外国人登録者数は約３万3,623人、外国人登録者数比率は宮城県が約0.69%、福島は約0.56%、岩手は約0.47%と全国の約1.7%に比べて低く、内訳をみると、永住者、日本人の配偶者がいる、また集団生活を送る技能実習生が多いという地域特性を持つことが理由と考えられる。

近年発生した自然災害をみると、2016年に発生した熊本地震、2018年の北海道胆振東部地震、大阪北部地震では外国人観光客ならびに在留外国人が、また2018年に発生した西日本豪雨災害ではその地域に暮らす在留外国人が多く被災しており、災害時の情報発信における言語の問題はもちろんのこと、それぞれの外国人の特性に配慮した対応が必要となるという報告が目立ってきている[19]。片岡博美（2016）は、地域コミュニティへの参加や地域防災・災害時に関わる制約を「外国人」と「日本人」を交えたうえで、「身体的制約」「アクセスに関する制約」「永続性に関する制約」「互酬性に関する制約」「生活・文化に関わる制約」の五つにまとめて検討している[20]。「生活・文化に関わる制約」の中に、文化的背景、食生活・食文化、宗教等が挙げられており、これらは外国人という要素を最も加味しなければならないと述べている。

では、現状では外国人旅行者や在留外国人に対する災害時の非常食についてはどのような対策がなされているのであろうか。増田充真（2021）は地域防災計画における外国人旅行者向けに規定している内容について、「都道府県、市区町村ともに多くの自治体が災害情報等の発信を規定しているが、避難所の運営や宗教・生活習慣に配慮した食料の備蓄など、災害時の滞在拠点に関する事項を規定している自治体は少ない」と述べている[21]。特に災害時に多言語対応可能な施設を整備している自治体が少ないだけでなく、宗教対応避難食など外国人旅行者の生活習慣を考慮した備蓄の整備や多言語対応マニュアルの策定等が進んでいないことを指摘している。増田は自治体の限られた予算や人員、ノウハウの不足を踏まえ、避難施設に必要な多言語対応可能な自治体職員OBや外国人住民ボランティア等の活用、ハラル食など宗教対応避難食の備蓄、もしくは原材料が多言語表示されている食料の備蓄を現実的に対応可能な方策として提案している。

熊本地震では外国人対応避難施設が開設され、またインターネットでのハラル物資協力の呼びかけ、リッチモンドホテルグループからのハラル弁当400食の差し入れがなされた。これは災害時に「生活・文化に関わる制約」の面から対応されたケースとして注目された。しかし「2016熊本地震外国人被災者支援活動報告書（第三版）」の外国人避難者の実態を見ると、避難所等の生活面の実態及び課題の中に、言語・文化の違いによる外国人避難者と日本人避難者間のトラブル、避難所生活のルール共有が困難なケース、イスラム教のハラルなど食事面での配慮不足（配給される食事の材料の説明がない等）が挙げられており、イスラム教など日本と大きく異なる文化背景を持つ外国人は大きなストレスを感じ、避難所から退去するケースがあったという。この報告からもわかるように、片岡の分類した５つの地域防災・災害時に関わる制約の中で、「生活・文化に関わる制約」は、在留外国人ならびに外国人観光客について考えるうえで最も重要な要素と考えられる。

筆者は東洋大学経済学部総合政策学科の特別講義において、前述の宗教と食についての学習後に熊本地震のケースを紹介する講義を行った。その後、学生自身の住む地域あるいは出身地の人口構成を調べ、防災用の食糧備蓄について企画する課題を出した（2022年６月実施、回答者96名）。その結果、自分の住む地域に外国人が非常に少ない、あるいは食に制限のある国の出身者が少ない、誰でも食べられる、といった理由から米・パン・水を多く用意することで対応できるという意見が多く見られた。

一方で、「非常食の８割は日本人向けの物を用意し、１割を宗教上食べられないものを抜いた非常食を用意し、残り１割をアレルギー対応の物を用意する」「高齢者が多いので、スープや粥など高齢の方が食べやすく、しっとりとやわらかい非常食を用意する」「子供がいる家族が多いので、子供が食べやすいお菓子系のカンパンや飴などを備蓄する」「クルド人などのムスリムの人達も多く暮らしているため誰でも食べられる乾パンなどを備蓄する」「インターナショナルスクールがあるのでハラルフードやベジタリアン向けの非常食を用意する」といった意見もあり、食の面で災害弱者に該当する人として、外国人以外にも高齢者・乳幼児・アレルギーを持つ人に注目する学生も見られた。

在留外国人を取り巻く食の問題について２回の講義を行った後、学生が書いた感想の中で多く見られたのは、「日本は多数派が日本人であるため、非常食に関しては食の多様化は進んでいない」「日本人一人ひとりが、他の文化や習慣を持つ人々についての知識を持ち、理解しようとする姿勢をもつことが大切である」「外国人、高齢者や赤ちゃん、体の不自由な人に対する食の配慮を忘れてはならない」といったものであった。少数ではあるが、注目すべき感想としては「災害時、緊急時にハラル食品など気にしている場合でない」「アレルギーで死なない限り目の前にあるものを食べるべきだ」（回答ママ、ただし重篤な食物アレルギーの場合は死に至る）という意見であった。

宗教に配慮した非常食を用意すべき、日本人は食に制限がないので宗教に配慮したものを多く用意した方が良い、誰でも食べられる非常食（米・水）を多く用意するのが一番良いという感想が多く見られたが、その一方で緊急時には何でも食べるべきだという感想も少数派ながら見られた点も見逃してはならないと考える。

２回の講義を通して、災害という困難にプラスして、食べるという環境でも苦境に立たされる災害弱者についてどれだけ伝えきれたか具体的に数値化して把握できていない。しかし、学生に在留外国人が置かれた現状を知り、自分が暮らす地域の特性について考えるという機会を提供したことで、自分たちが社会に出て目を向けなければならない課題に気づけたことは確かである。また、学生の意見には新たな視点も多く、今後自治体などでも外部から広く意見を募って災害対策を行うことが望ましいと考える。片岡は「多文化共生」について、外国人・異文化と理解し合い、仲良くしあうことを考えることではなく、日本人・外国人を交えて、地域に流入する成員が抱える制約をいかに解消し、成員の持つ力を地域コミュニティにつなげていくのかを考えることだと指摘している[22]。このことから、災害時の「生活・文化に関わる制約」を考えていくうえでも、若者や在留外国人を含めた地域住民の意見を取り込み、それぞれの地域特性に合わせた対策を考えていくことが重要であるといえる。

３．地域共生社会における未来の食とその可能性

これまでハラルをはじめとして、日本では食の面において宗

教対応が進んでいない点を述べた。日本は急速に多様性社会に移行しているとはいえ、在留外国人が占める割合は人口の約2.2％である。その中でも食に制限がある文化圏の出身者は非常に少数である。また訪日外客数を見ても、最も数が多かった2019年でさえ、明らかに食に制限があると推測される国や地域の出身者は約144.1万人（筆者算定：マレーシア約50.2万人、インドネシア約41.3万人、インド約17.5万人、イスラエル約4.4万人、トルコ約2.2万人、その他アジア約23万人、アフリカ約5.5万人）[23]であり、訪日外客数の約4.5％である。宗教による食の制限がある人の割合を考えると、現実的に日本社会でどこまで食の面で対応が進むのか判断が難しい。しかし一つ言えることは、マイノリティに対して対応をしないということは、多様性社会を考えていくうえであってはならないことである。

非常食について学生の意見として誰でも食べられるものを準備するのがよいという意見が多く見られたように、あえて宗教の規定に則った食品を用意することより、いまあるもので誰でも食べられるものを活かすという方法が現実的である。もう一つの可能性として、代替肉のような新しい食の流れを取り入れるという方法がある。もともと日本には精進料理のように肉を使わない料理も存在していたことから、新旧の流れを取り入れることは無理なく進められる対策ではなかろうか。

近年食のテクノロジーの発展は目覚ましいものがあり、以前は価格が高く一般市民には手の届かないような価格であった商品も、近年ようやくレストランやスーパーで目にするレベルに

表３　食べたことのある食品（複数回答可）	人　数
Ａ．大豆ミート	56（51.4%）
Ｂ．大豆以外の植物由来ミート	10（ 9.2%）
Ｃ．培養肉	16（14.7%）
Ｄ．昆虫食（昆虫そのまま）	13（11.9%）
Ｅ．昆虫の粉末などが入った食品	7（ 6.4%）
Ｆ．藻類（ミドリムシなど）を使った食品	7（ 6.4%）

まで価格が下がってきた。特にタンパク質を中心に見ていくと、日本人にとって最も身近なものとして、大豆をはじめとした植物たんぱくを用いた代替肉・代替魚がある。そのほかに、肉の筋細胞等を増殖させる培養肉、ゲノム編集により生産効率・栄養価・味を良くした肉・魚等がある。また、現在も世界の約130カ国で食べられている昆虫にも環境問題や人口増加という視点から注目が集まり、昆虫を用いた食品も開発されている。筆者は東洋大学経済学部総合政策学科の特別講義において、「未来の食」と題した講義を行う前に、どれだけの学生がこれら「未来の食」を食べたことがあるか事前調査を行った（2022年７月実施、回答者数は89名）。

その結果、代替肉（Ａ、Ｂ）を食べたことのある割合が約60％、昆虫や藻類を使った食品を食べたことのある割合（Ｄ、Ｅ、Ｆ）も24.7％となっており、予想以上に多くの学生が未来の食を食べた経験があることがわかった。

これらの食品が世界的に注目される背景として、宗教の面から見てみる。代替肉に関しては、植物由来のため宗教的に食べることが可能である。代替肉スタートアップ企業として有名なインポッシブルフーズ社（米）の代替肉は、ユダヤ教徒が食べることの認められている「コーシャ」[24]に認定されている。またビヨンドミート社（米）は遺伝子組み換え原料を用いないよう、エンドウ豆を主原料とした代替肉を販売している[25]。また、代替肉による「ビヨンドポーク」はイスラム教徒も口にすることが可能である。シーフードで見ると、ニューウェーブフーズ社（米）の開発した「ニューウェーブシュリンプ」は植物性たんぱくと海藻を用いてつくられており、こちらも「コーシャ」認定されている。これらは動物性食材やその派生物を使用していないため、ヒンズー教徒や仏教徒、また宗教とは別にベジタリアンやビーガンといった食生活を送る人でも食べることができる。代替肉に関しては既にイスラム圏でも人気を博しており、チェーン店でもメニューに導入が相次いでいる[26]。

一方昆虫食に関しては、植物性ではないことと、甲殻類アレルギーの問題を含むためここでは取り上げない。

非常食を考えるにあたり、誰でも安心して食べられることは最も重要であるが、肉体的精神的ダメージの大きい被災環境において、栄養価、食べやすい味という面を満たす非常食としても、これら未来の食は大きな可能性を秘めていると考えられる。講義終了後、学生に未来の食は受け入れられるか回答してもらった結果と、その内容に対する学生の反応を紹介する（講義は未来の食の現状について取り上げたことから、３Ｄプリンターでつくる肉や魚、遺伝子組み換え食品、また１日分の栄養が入った食品など、宗教による食の規制に該当しない内容も取り上げている)。

代替肉に関する感想としては「代替肉の将来性を感じた」「肉にほぼ等しい食感と味が楽しめるのならば食べてみたい」「肉を他のもので代用できたら、宗教的な問題やビーガンの問題の解決につながると思うので、積極的に開発を進めるべきだと思う」といった肯定的な意見が多数みられた。一方、培養肉に関しては「人工肉はあまりいい印象ではなかったが、動物を殺すことなくたんぱく質源になるのでベジタリアンやビーガン向けに良いと思う」「培養肉が次第に食卓に上るのは、正直不安である」「３Dプリンターを使った食品や遺伝子組み換えは食べる気が失せる」「安全が確立されたうえで提供してほしい」「日本人の道徳感や倫理観から抵抗がある」という内容が多く、食べられる人が広がる可能性は理解しながらも、食べることに対して慎重な意見が多く見られた。また、その他の意見を見ると「代替肉は広まると考えるが、昆虫食はあまり受け入れられないのではないか」「日本は美味しく食べたい人が多いから広まらない」「代替たんぱく質に興味をもつことと、それを食べたいかどうかは比例するものではない」「日本人も食料がなくなっていくと受け入れると思う」といった意見が見られた。日本人の食に対する認識の面から導入の難しさを上げる学生が多く見られたものの、非常食のように食べることが最優先とされる事態では受け入れることが可能という意見も見られた。

日本は仏教の普及とともに、精進料理に大豆を用いた肉もどきの食品が用いられてきた歴史がある。そのため、日本人に馴染みのある豆類を用いた代替肉を利用した食品開発は、国内外で市場が広がるだけでなく、観光客をターゲットとしたレストラン、留学生のいる大学の学食、宗教や信条で食に規制がある人が安心して食べることができる非常食として広まる可能性を持つ。また、市場で多く流通する日本人に馴染みのあり価格の抑えられた食品であれば、自治体で非常食として導入できる可能性も高まると考える。しかし、昆虫食や培養肉のようなフードネオフォビア（食物新奇性恐怖）を引き起こすものに関して、日本で普及する可能性については未知数であり、またこれらは動物性由来であることから、すべての宗教や主義による食の制限がある人は対象となりにくいと考える。

４．まとめ

近年、代替食が多様性社会における役割について期待する論文が増えつつあるが、新しい食の流れであることから、具体的効果を示した論文はいまのところ存在しない。しかし、今回大学生を対象とした調査ではあったが、代替肉に対する抵抗感は非常に少なく、宗教・主義・健康・価格などさまざまな点から、誰でも食べられる食品として普及する可能性が高いことが見て取れた。また、昆虫食や培養肉に関しては若い世代であっても抵抗感が大きく、また日本の食文化という視点からも抵抗感が大きいという知見が得られた。このような具体的反応についての結果を示せた点は大きな成果である。

地域社会と食

日本は本格的に人口減少社会へと突入し、外国人労働者を受け入れる必要性について議論されている。これは以前より繰り返し議論されてきたものの、場当たり的な制度改革しかなされてこなかった。現在も続く、短期間の滞在条件と低賃金という近視眼的な視点で技能実習生や留学生のアルバイトを増やすことが、果たして今後の日本社会にプラスとなるのであろうか。人口が間違いなく減少していく中で、長期間日本に暮らして働く外国人が増えることによって、日本の伝統や技術の継承、そして日本国内のみならず、彼らの語学力と現地文化への知識を生かして海外にまでビジネスを広げることにつながるという長期的な視点が必要ではなかろうか。新型コロナウイルス感染拡大により明らかになったように、移動制限を受ければ観光客は激減し、観光業は大きなダメージを受ける。しかし、在留外国人は、このような状況下でも日本で暮らして働き続けている。外国人が長期間日本に暮らすには、本人はもちろん家族ともに暮らすことのできる環境を整えることは必須であり、そこには生活・文化の視点が欠かすことができない。

生活をともにするということは、自然災害の多い昨今、災害時の備えにも多様性の視点は欠かせないものとなってくる。その中で、誰もが食べられるものを備えるという視点で代替肉を含めた新しい食や技術を導入することは、現在抱えている問題を解決する一助となるといえる。このような食が普及することは、物理的な面だけではなく、多様性を理解する心の変化も引き起こすと期待したい。その結果、おのずと誰でも食を楽しむことのできる、多様性に対応した飲食店も増加するのではなかろうか。

終章

第1章では、異文化理解において世界の宗教について学ぶ重要性を、第2章では地域共生社会を考えるにあたり食の配慮を行う重要性について述べてきた。冒頭で「食」は気候・風土、歴史など多くの要素を含むことから、グローバル化が進行してもなお、それぞれの地域や人々の中に色濃く残り、グローバル化の速度とは比例しないことについて述べた。2013年にユネスコ無形文化遺産に和食が登録されて以降、日本国内のみならず海外においても和食の注目度が高まっている。また日本各地域の伝統食の復活に関するニュース、また大都市においては各地域の伝統食を販売する店舗を目にする機会が増えた。グローバル化による食の均一化が進み、物心両面から異文化が押し寄せる昨今、日本古来の伝統を重視する動きが見られるようになってきたのは確実である。宗教学者のリチャード・A・ガードナーは「自分とは異なる文化や宗教に接した人は、新奇で未知なものを解釈し理解するプロセスへの取り組みを迫られる。その過程で自分の属する文化や宗教の依拠する前提を初めて意識し、その正しさの問い直しに向かうこともよくある。またこの過程はしばしば変化へと結びつく」と述べている[27]。異文化や他宗教に触れ、それを理解しようとする試みは、自分の世界観を問い直す契機となるのである。日本古来の伝統食を守る動き、またそれとは反対に異文化のテイストを取り込んだ新しい日本の食文化が生みだされている動き。このどちらも異文化と接する機会が増えたことにより、日本古来の食文化を意識し、これからの日本の食文化の在り方を問い直す時期に差し掛かってた証といえよう。

ではこれからの時代、地域共生社会における食とはどのようにあるべきなのか。まずは食を含む「文化」とは何か、あらためて考えてみる必要があろう。『広辞苑』によると文化（culture）とは「人間が自然に手を加えて形成してきた物心両面の成果。衣食住をはじめ科学・技術・学問・芸術・道徳・宗教・政治など生活形態の様式と内容とを含む。文明とほぼ同義に用いられることが多いが、西洋では人間の精神的生活にかかわるものを文化とよび、技術的発展のニュアンスが強い文明と区別する」と記載されている。日本人は歴史的にみて、外来文化を日本風に上手くアレンジして取り込んできた。食文化の中で食べ物（料理）に限定して考えてみても、外国由来とはわからないくらいに私たちの食生活にとけ込んでいる食べ物（料理）の多さから、このことは一目瞭然であろう。この点だけを見ると、あたかも日本人は異文化受け入れに長けている民族のように思われる。しかし仏教学者であり、比較思想学者でもある中村元（1912-1999）は、日本人が外来文化を日本風に上手くアレンジして取り込んできたことに対し、「外来文化を原理的・構造的に理解しないで、実践的にもっとも身近な面だけを、手っ取り早く摂取することに他ならない」と述べている[28]。広辞苑に「文化」は精神的ニュアンスが強いものと書かれていたことも併せて考えていくと、日本人は表面上、異文化を積極的に取り込んでいるように見えるだけであり、外来の「文化」に含まれる精神性そのものを実際には受け入れてはいないといえる。第１章、第２章で取り上げたように、日本は外国人観光客が増え、地域に暮らす外国人が増えてもなお、異なる食文化を自分たちの地域社会と関連づけて考える動きが遅い。これは、異なる国の人々がそれぞれ持つ「文化」、つまり彼らの持つ精神性を理解していないことの表れである。

地域共生社会について考えることは、多様性社会について考えることでもある。日本が多様性社会になればなるほど、さまざまな文化的背景の人が同じ地域に暮らすようになり、その土地に暮らし続けている人でさえ、自分の属する地域の文化を意識し問い直す機会に直面する。その過程でその土地固有の文化に固執し排他的になるのではなく、また無理に他文化を取り入れるのでもなく、それぞれの文化の持つ良い面を理解してお互いの存在を尊重する気持ちを持つことが重要であろう。これは食文化に限らず、多様性社会の在り方を考えるうえで重要なことである。社会を大きな視点から見れば、自分たちの暮らす国や地域となるが、小さな視点から見れば自分たちの所属する会社、学校、家庭がある。国であれ企業であれ、国籍・性別・障がい者が共存する多様性に移行した組織は安定して成長していることが知られている。

日本企業の中でも、女性を管理職に多く登用した企業は、女性管理職が少ない企業より利益率が７％高く[29]、また、外国人社員を雇用し、文化的多様性を取り入れている企業においても、そうではない企業よりも15％業績が良いという報告が見られる[30]。そして、影山摩子弥（2012）によると障がい者を雇用する企業は、知的・精神・身体障がい者の能力の高さに気づくとともに、障がい者とともに働く社員にも職務満足度が高まるという[31]。これらのことから、自分とは異なる文化的背景を持つ人々の個性を受け入れた企業は、自分たちに先入観があったことに気づかされ、それによりさらに個々の能力を生かす方向へ進み、社員の心の満足度が高まり、それにより企業が成長し、長期に渡り存続する可能性が高まっているのである。

多様性社会は柔軟性と成長の可能性を持つ。社会に暮らす人々に密接にかかわる食についても同じことがいえよう。多様な食文化をお互いが認めあい、またそれぞれの良い面をお互いに取り込んで変化していくことが、これからの地域共生社会における食を考えるうえで大切である。守るべきものは守り、良い面は柔軟に取り入れる。変化していくことを悪いと決めつけず、過度に恐れない柔軟な心を持つことが、これからの地域共生社会と食を考えるうえで重要である。そのためには、①お互いの食文化を知る経験ができる場を設けること、②お互いの文化的背景を学び知識を得る機会を提供すること、③自己中心的になるのではなく、過度に相手に同化するのでもなく、それぞれの立場を尊重して認める心を育むこと、④地域社会に所属するいろいろな立場の人の意見を聞く場を設けること。この 4 つがこれからの地域共生社会を食の視点で考える際に重要となるといえよう。さまざまな食文化が共に存在する社会とは、個々の人間が尊重され、また個性が発揮できる社会でもある。それは国や地域としても魅力を増すことにつながり、現在の人口減少社会にあっても、多くの人を魅了し将来的に発展する地域社会となると確信している。

【注】

1　日本は在留外国人の割合が2.3%であるのに対して、主要先進国における移民の割合はおおむね10－20%である（世界で用いる移民と、日本で用いる在留外国人には定義の違いがあるため、正確に反映しているとは言い難いが、参考数値として表記する）。本文中において、日本に限定した内容の際は「在留外国人」、世界全体について述べる際は「移民」を使う。

2　東京基督教大学国際宣教センター日本宣教リサーチ発行のJMR調査レポートの発表数値

3　ハラル認証とはハラル認証機関がイスラム法に準拠した安心できる物に付与する認証のこと。この認証が取得された商品は、イスラム教徒が安心かつ安全な商品と認識できることから、購入する際の判断材料になる。

4　代表的案例として、2000年に味の素がインドネシアで製造したグルタミン酸ソーダをハラルとして販売していたが、製造する際に使う発酵菌の保存用の培地の一部の栄養源の製造過程において豚由来の分解酵素が使われており、表示法違反となり、商品の回収と日本人役員が逮捕された事件がある。また近年では、日本でブームになった映画『鬼滅の刃』の特典CD・DVDのサウンドトラック内にモスクで礼拝を呼びかける「アザーン」が使用されており、神への冒瀆として抗議が殺到し、出荷停止と回収に至った事件がある。

5　井上道孝『グローバル化時代の宗教文化教育』、12-15頁

6　https://fooddiversity.today/article_81901.html「約600名のムスリムに聞いた「日本で企業を選ぶ基準は？」」

7　井上道孝、前掲書、7頁

8　リチャード・ガードナー、村上辰雄共編著『宗教と宗教学のあいだ』10頁

9　在留外国人とは中長期在留者および特別永住者をさす

10　https://www.e-stat.go.jp/stat-search/files?page=1&toukei=00250012
11　島田裕巳『日本人の信仰』明昌堂、2017、P48
12　https://statistics.jnto.go.jp
13　https://www.mlit.go.jp/kankocho/news03_000137.html
14　イスラム協力機構：加盟国はイスラム教徒（ムスリム）が国民の多数を占める西アジア、北アフリカ、西アフリカ、東アフリカ、中央アジア、南アジア、東南アジアなどの57か国
15　諸伏雅代「GCC諸国における日本食品普及の可能性―風味・食文化の背景から考察する」東洋大学現代社会総合研究所、現代社会研究Vol.13、2015、P164
16　https://www.halalgourmet.jp/ja
17　http://www.univcoop.or.jp/service/food/halal.html
18　https://www.mext.go.jp/a_menu/koutou/ichiran/mext_01856.html
19　https://tia21.or.jp/content/files/saigai2020.pdf
20　片岡博美「地域防災の中の「外国人」―エスニシティ研究から「地域コミュニティ」を問い直すための一考察―」『地理空間』9(3)、2016、P290
21　増田充真「災害時における外国人旅行者への対応に関する一考察」RESEARCH BUREAU論究、18、2021、P112
22　片岡博美、前掲、P297
23　https://statistics.jnto.go.jp/graph/#graph--breakdown--by--country
https://www.jnto.go.jp/jpn/statistics/visitor_trends/index.html
24　https://www.kosherjapan.co.jp/kosher/what-is-kosher/kosher-regulations/
25　遺伝子組み換え生物およびその派生物はハラルではない

26　https://fooddiversity.today/article_91698.html
27　リチャード・ガードナー、村上辰雄共編著『宗教と宗教学のあいだ』上智大学出版、2015、P10
28　中村元『日本人の思惟方法〈普及版〉』426頁
29　経済産業省「ダイバーシティに関する各種調査」2頁
30　経済産業省「ダイバーシティに関する各種調査」2頁
31　影山摩子弥「障がい者雇用の「組織内マクロ労働生産性」改善効果」53-80頁
（＊ウェブサイトの最終閲覧日はすべて2022年8月25日）

参考文献

石川伸一監修『「食」の未来で何が起きているのか』青春新書、2021
一般財団法人熊本市国際交流振興事業団「多文化共生社会のあり方〜発災から3年、学びを未来へ〜」『2016 熊本地震外国人被災者支援活動報告書（第三版）』
李善姫「災害と外国人女性達：ジェンダー平等と多文化共生の主流化をめざして」
井上道孝『グローバル化時代の宗教文化教育』弘文堂、2020
井上順孝編『21世紀の宗教研究』脳科学・進化生物学と宗教学の接点、平凡社、2014
エリン・メイヤー著・樋口武志訳『異文化理解力』英治出版、2015
大形里美「日本における「ハラール対応」の現状と課題―レストラン『極味や』による「ハラール対応」の取り組みと福岡マスジドにおける「ハラール認証」無料発行の意義―」『九州国際大学国際・経済論集』Vol.6、P1-36、2020
影山摩子弥「障がい者雇用の「組織内マクロ労働生産性」改善効果」横浜市立大学論叢、2012（Vol.63）：45-81

経済産業省経済産業政策局経済社会政策室「ダイバーシティに関する各種調査」競争戦略としてのダイバーシティ経営（ダイバーシティ2.0）の在り方に関する検討会、2016
経済産業省経済産業政策局経済社会政策室「成長戦略としての女性活躍の推進」2014
サイード・アクター「ハラル市場でのビジネスチャンスを探る―日本のハラル認証と世界各国のハラル認証―」、『食品と開発』Vol.49、No.1、P75-77、2014、UBMメディア株式会社
佐藤久美「地震災害における外国人の被害と災害情報提供」『社会医学研究』22、P21-28、2004
ジーナ・ルイーズ・ハンター著、龍和子訳『昆虫食の歴史』原書房、2022
島薗進・西平直編『宗教心理の探求』東京大学出版会、2001
島田裕巳『日本人の信仰』明昌堂、2017
店田廣文「世界と日本のムスリム人口2018年」『人間科学研究』32(2)、P253-262、2019
対馬宏「日本国内における外国人労働者の必要性に関する一考察：長期的、包括的視点より」『東洋学園大学紀要』29、P79-88、2021
中村元『日本人の思惟方法〈普及版〉』春秋社、2012
並河良一「ハラル制度の内容」『食品と開発』48(3)、P89、2013
新村出編『広辞苑』第七版、岩波書店、2018
日本宣教リサーチ「JMR調査レポート（2017年度）」東京基督教大学 国際宣教センター、2018
ハラルマーケット・チャレンジ・プロジェクト著『ハラルマーケットがよく分かる本』総合法令出版、2013
三木英『異教のニューカマーたち』森話社、2017
光永均「“代替食品”の分類群の提案」『研究・イノベーション学会年次学術大会講演要旨集』36、P844-849、2021

光村恭子「培養肉の社会受容性—調査結果と社会実装への接続の検討」『研究・イノベーション学会年次学術大会講演要旨集』34、P806-808、2019
宮本久義、堀内俊郎編『宗教の壁を乗り越える』多文化共生社会への思想的基盤、ノンブル社、2016
リチャード・ガードナー、村上辰雄共編著『宗教と宗教学のあいだ』上智大学出版、2015

参考サイト

https://www.e-stat.go.jp/statsearch/files?page=1&layout=datalist&toukei=00250012&tstat=000001018034&cycle=1&year=20190&month=24101212&tclass1=000001060399（在留外国人統計）
https://fooddiversity.today/article_81901.html（フードダイバーシティ）
https://www.oecd.org/els/mig/keystat.htm（OECD）
https://www.e-unwto.org/doi/epdf/10.18111/9789284422456（UNWTO）

地域共生社会とドローン利用

澁澤健太郎

序章

2021年6月、航空法等の一部が改正された。この改正により一等無人航空機操縦士（一等資格）として有人地帯（第三者上空）での補助者なし目視外の飛行（レベル4）ができるようになる。一等資格は「カテゴリーⅢ」での飛行、つまり有人地帯での目視外飛行が可能な技能を有している証明であり、新たなドローン飛行の社会実装に向けて、安全性を担保するために必要な資格となる。

※レベル4の飛行実施や一部申請の免除は、機体が機体認証を受けている場合に限る。

二等航空機操縦士（二等資格）は、条件を満たせば飛行申請の一部省略・免除となる「カテゴリーⅡ」の飛行が可能になる。二等無人航空機操縦士（二等資格）は、第三者上空は飛行できないが、ただし、従来の規制ルールでは許可申請が必要とされていた「安全確保措置等の個別に確認が必要ない飛行」（人口集中地区、夜間、無人地帯での目視外、人や物件との距離30m未満など）の申請の一部が免除される。

地域共生社会とドローン利用

この法改正によってドローンが日本の地域社会の多くの問題に解決策を提示するという期待感が現実化する。過疎化する農村ではドローンによる地域管理と運営が、本格化する。本章では割く時間がなかったが、防犯などにおける効果も大いに期待できる。海外ではすでにクリスマスの日に、ドローンにぶら下がってサンタクロースが降りてくる動画が、配信されている。ありとあらゆる場面でドローンの利用が、地域社会の共生に有用であることは間違いない。

第1章 過疎地域における背景と課題

1．過疎地域における背景

超少子高齢化による人口減少の日本では、過疎地域も深刻な課題の一つである。

過疎地域とは、人口の顕著な減少によって地域の生産機能および生活するうえでのインフラ等の設備が他の地域より低位にある地域のことである。

日本では1970年の過疎地域対策緊急措置法より過疎地域対策法が各年代の状況に合わせて度々制定・改定されてきた。その第五次にあたり、2021年４月に新たに施行された過疎地域の持続的発展の支援に関する特別措置法（以下過疎法）では国が過疎地域とみなす基準の要件を旧法の過疎地域自立促進特別措置法より見直している。この法律内で示される要件には人口要件・財政力要件があり、どちらも該当する、もしくは市区町村合併前の条件で一部該当すると全部過疎、一部過疎、みなし過疎と認められる。

図表４－１　過疎地域の要件

１．全部過疎（人口要件（長期①、長期②、中期のいずれか）、かつ、財政力要件を満たす）

種　類	指　標	基本的な要件（第２条）期　間	基本的な要件（第２条）基準値	基準年の見直しに伴う激変緩和措置（第41条）※2 期　間	基準年の見直しに伴う激変緩和措置（第41条）※2 基準値
人口要件（長期①） ・25年間の人口増加率10％以上除く	人口減少率（長期）	S50→H27（40年間）	人口減少団体平均（28％以上減少※1）	S35→H27（55年間）	人口減少団体平均（40％以上減少）
人口要件（長期②） ・高齢者比率又は若年者比率を満たす場合、人口減少率の基準を緩和 ・25年間の人口増加率10％以上除く	高齢者比率	H27	同上（35％以上）	H27	同上（35％以上）
	若年者比率	H27	同上（11％以上）	H27	同上（11％以上）
	人口減少率（長期）	S50→H27（40年間）	23％以上減少	S35→H27（55年間）	30％以上減少
人口要件（中期）	人口減少率（中期）	H2→H27（25年間）	人口減少団体平均（21％以上減少）		
財政力要件 ・公営競技収益40億円超除く	財政力指数	H29→R元	全市町村平均（0.51以下）	H29→R元	全市町村平均（0.51以下）

※1　財政力指数が全市町村平均（0.40）以下の場合、「23％以上減少」に緩和（財政力が低い市町村に対する人口減少率要件の緩和）

※2　基準年の見直しに伴う激変緩和措置は、旧法の過疎地域に限り適用。R2、R7国調による過疎地域の追加の際は激変緩和措置は設けない。

２．法制定前の市町村合併（平成11年４月以降）に係る一部過疎、みなし過疎

種　類	単　位	要　件
一部過疎※（第３条）	合併前の旧市町村	・旧市町村単位で上記の人口要件のいずれかを満たす ・現在の市町村が財政力要件（財政力指数が全市平均（0.64）以下）を満たす
みなし過疎※（第42条）	合併後の新市町村	・旧法で全部過疎又はみなし過疎である市町村について、下記のいずれも満たす（主務省令で規定） 【規模要件】　一部過疎区域の人口が1/3以上又は面積が1/2以上 【人口要件】　市町村の人口が長期（40年間、55年間）、中期（25年間）いずれも減少 【財政力要件】市町村の財政力指数が0.51以下

※　R2、R7国調による過疎地域の追加は、一部過疎について行い、みなし過疎の追加は行わない。

出典）総務省、過疎地域の持続的発展の支援に関する特別措置法概要p.2

2021年４月時点、全域・みなし・一部の過疎地域とされる市区町村は全国で820、日本の国土のうち60.1％を占める。

また、過疎地域に起こりうる具体的な問題として以下の点が挙げられる。

１．利用者側の問題

- 商店の閉鎖
- 空き家の増加
- 公共交通の利便性低下（または一部路線の廃止）

２．働く側の問題

・労働力不足

・経営者の後継者不足

・働く環境の多様性低下

・地方地域経済持続性の低下

（地域・地方の現状と課題、過疎地域等における今後の集落対策のあり方に関する中間とりまとめ参考に作成）

これらの問題が行き着く先は、地域コミュニティや生活基盤の崩壊・消滅である。また平常時ですら脆弱になった生活基盤は災害などの非常時、機能不全により陥りやすくなる。

既に高齢化が進んでいる集落が増加していることもあり、今後ますますこのような問題を抱える地域が増加しており、問題解決に向けた対策が急務となる。

地域の過疎化が進むにつれ、公共交通機関やスーパーやコンビニなどの小売施設、生活に必要な生活基盤も不採算化が続き撤退を免れないという事例が多く見かけられるようになる。

国土交通省の調べによれば、公共交通機関であるバスについては2007年から2016年までの間で、１万3,991kmの路線[1]が、鉄道は2000年から2020年までに41路線895kmが廃止に追い込まれた。また現在事業を行っている地域交通機関もバス事業者の69%（2018年度）[2]、鉄道事業者の76%（2017年度）[3]の経常収益が赤字とされている。

また、農林水産省の調べによると、地方[4]における、食料品店まで500m以上かつ自動車利用が困難な65歳以上高齢者の食料ア

図表４－２　買い物困難に対する対策が必要な都市の割合とその背景

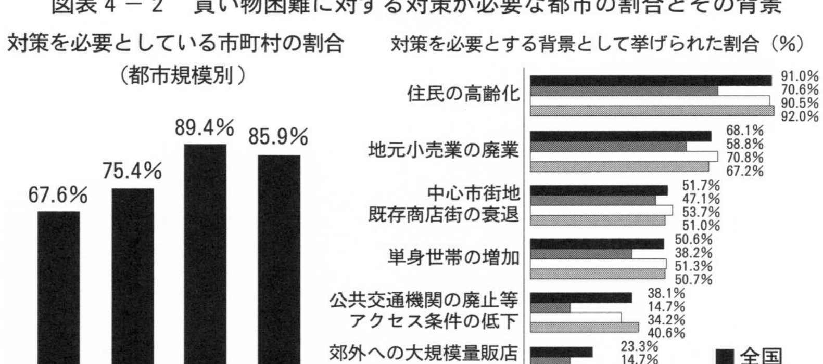

出典）2020年度「食料品アクセス問題」に関する全国市町村アンケート調査結果p. 5

クセス困難人口の推計は2015年時点で447万人[5]である。さらに、同省の2020年度「食料品アクセス問題」に関する全国市町村アンケート調査結果によると、全国の1,244市区町村のうち、85.9%が食料品などの買い物に対する対策が必要だと回答、その中でも都市規模が小さくなるにつれて対策を必要としている割合が高まっており、その理由は以下のようなものが挙げられている（図表４－２）。

食料アクセス困難人口は買い物難民とも言い換えることができる。必要な時に身近に購入できる環境がなければ最低限度の生活を営むことは難しくなる。

買い物難民を減少、改善させるためには主に３つの方法があるとされている。一つ目は交通網の整備、二つ目はスーパーやコンビニなど買い物ができる環境の整備、三つ目は訪問または

図表４－３　市区町村が実施している支援策の推移

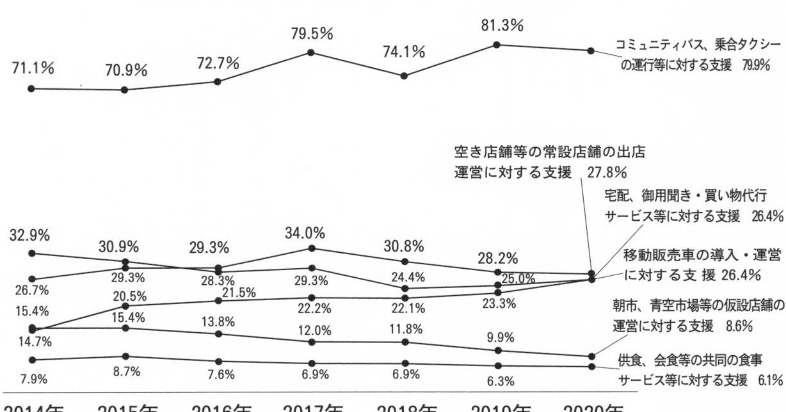

複数回答が含まれる

出典）2020年度「食料品アクセス問題」に関する全国市町村アンケート調査結果p.8

宅配の販売環境の整備である。

図表４－３の同調査によると、市区町村が既に行っている具体的な支援策は一つ目の交通網の整備の割合が一番多く、次に商店の運営や空き店舗支援、移動販売運営支援、買い物代行サービスなどの宅配支援が続く（図表４－３）。

交通手段の支援策が多いが、特に高齢者が多い過疎地域では、移動をすること自体が高齢の住民にとって大きな負担となる可能性がある。そのため、今後はここ数年で上昇傾向にある宅配と訪問型サービスの支援策が検討されていくべきである。

図表４－４　宅配取り扱い総数（百万個）[6]

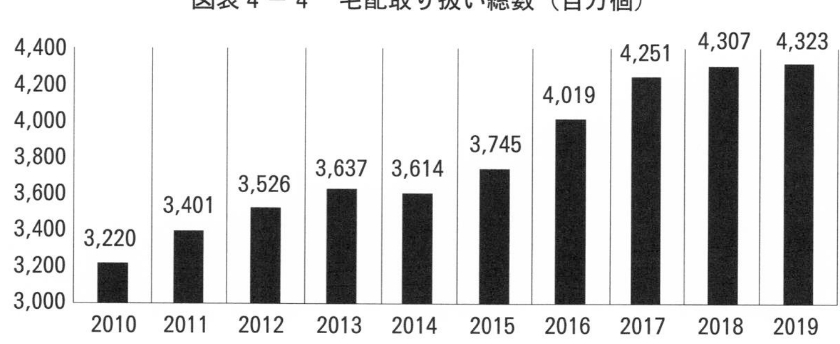

出所）国土交通省　宅配便取扱実績参照　著者作成

２．地域における小口物流

物流には大きく２つの分類がある。大口貨物と、小口貨物（以下小口物流）の２つである。大口貨物は主にコンテナを一単位として運送する貨物のことであり企業間の物流で利用される。一方で小口貨物は宅配便など消費者の手元に届くような商品の輸送など、30kg以下の比較的小規模な荷物を運ぶ部門である。

小口物流の中心は宅配サービスである。1976年、ヤマト運輸が我が国で最初の宅配サービスを開始してから約45年、不況などの理由から一時的な停滞はあるものの、宅配の取り扱い数は増加傾向にある。

特に直近10年間の宅配数の増加具合は著しい。2016年に40億個を突破した宅配数は、最新の2019年が43億2,349万個であった。この取り扱い数増加はネット通販の普及が非常に大きな要因として挙げられる。そして、新型コロナウイルス感染拡大の影響

図表４－５　2019年　宅配便取扱い個数構成比（%）

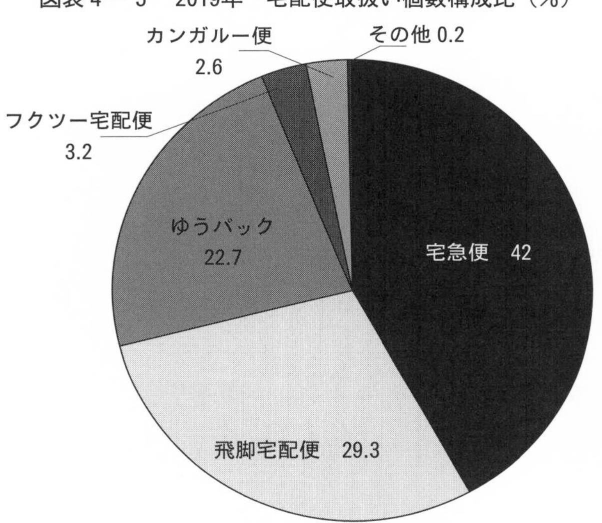

出所）国土交通省　宅配便取扱実績参照　著者作成

で消費者のライフスタイルの変化もあり、今後もますますネット等での通信販売の利用増加に伴った取扱数の増加が予想される。

また、2019年度の宅配総数の99.2%はトラック運送であり、航空等利用運送は僅か0.8%にとどまっている。アメリカのように広大な国土を持つ国の場合、航空宅配便の取り扱い割合も大きくなるが、現状、日本の宅配は陸上輸送であるトラック運送がほとんどの割合を占めている。

宅配便取扱個数の企業別シェアはヤマト運輸の「宅急便（42.0%)」、佐川急便「飛脚宅配便（29.3%)」、日本郵便「ゆうパック（22.7%)」上位３社によって市場の94.0%を占めており、寡占状態が続いている。

小口物流は宅配サービスが中心だが、宅配便以外にもう一つ忘れてはいけない存在がある。それは生活協同組合（CO・OP、以下生協）である。全国に121の地域生協[7]、総会員数は2,266万人[8]、世帯加入率は38.4％であり、非常に大きな組織である。生協は福祉・介護、葬祭、保険など、生活に関するさまざまな事業を行っているが、大きな収益の柱となっているのが宅配事業である。

地域生協の宅配事業供給高は2020年総事業収益３兆683億円の68.9％。宅配形態はグループ宅配と個人宅配があるが、そのなかでも個人宅配の供給高の方が大きい。

生協の宅配サービスは原則週に１回注文したものがまとめて届く定期便である。宅急便のような配送の不確定要素が少なく、安定した供給体制が組めるのも特徴の一つであるといえる。

３．ドライバー不足と宅配効率化

実際に配達を行うトラックドライバー不足は長年問題視されている課題である。全日本トラック協会による調査で明らかにされている、トラックドライバーの労働力の雇用状況の推移は以下の通りである（図表４－６）。この調査は労働力の不足感が大きくなればなるほどプラスの値に転じる。詳細に見ていくと、数値が落ちているのは2009年と2020年の調査の値であるが、いずれもリーマンショックやコロナショックでの一時的な不況に

図表４－６　雇用状況

出典）トラック運送業界の景況感　2020年10月～12月p.9

より他業種から参入した労働者の影響である。リーマンショックの後には数値が再び上昇しており、労働者が定着していないことが窺える。

また、物流の他貨物と比べても宅配貨物を担う業者の方が労働力の不足感を感じている（図表４－７）。

なぜこれほどまでに、トラックドライバーは慢性的な人手不足に陥っているのか。それはトラックドライバーの労働環境と賃金が大きく関係している。

図表４－７　雇用状況（労働の不足感）

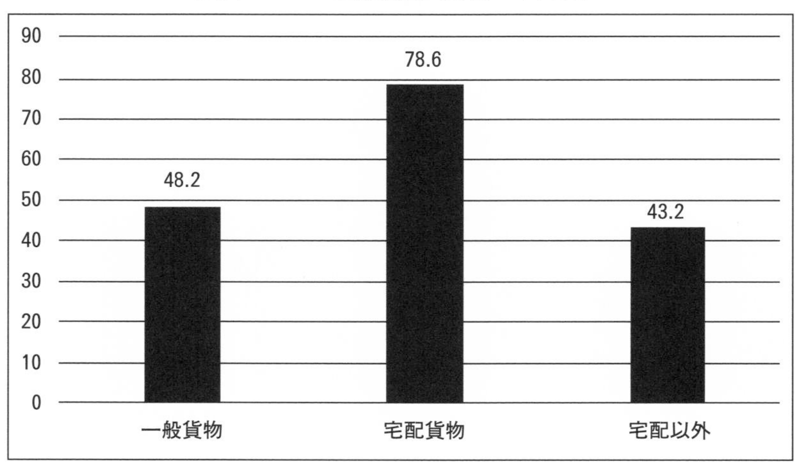

出典）トラック運送業界の景況感　2020年10月～12月参照　著者作成

賃金について、平均賃金の推移は上記のようになっている（図表４－８）。全産業の平均と比較しても運輸、郵便業の賃金は依然として低く推移している。

図表４－８　平均賃金の推移（千円）[9]

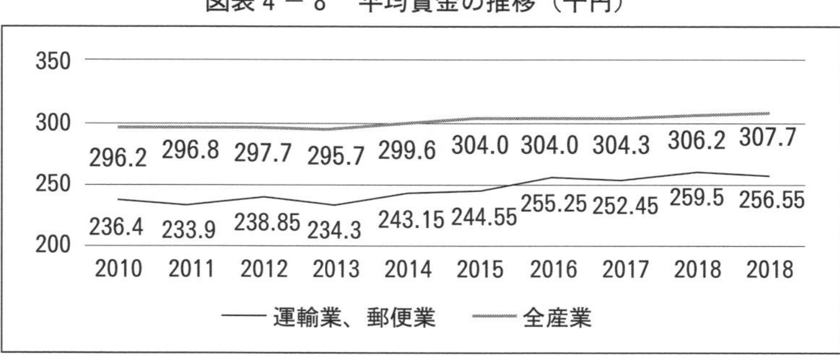

出所）厚生労働省　賃金構成統計調査参照　著者作成

図表４－９　年間労働時間の推移（時間）

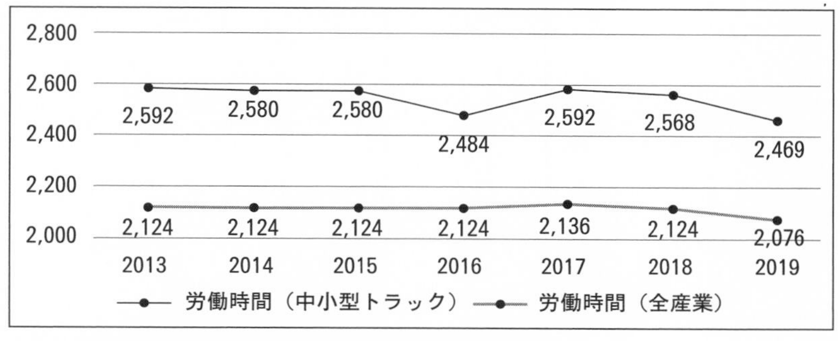

出所）厚生労働省　賃金構成統計調査参照　著者作成

労働環境について、労働時間の推移は上記の通りである（図表４－９）。こちらも全産業の平均と小口物流を担当することの多い中小型のトラックドライバーを比較すると、両者とも全産業の労働時間を大きく上回る形で開きがあることがわかる。

このような賃金の低さと長時間労働などの労働環境の実態から「トラックドライバーは過酷な職業である」とのイメージがあり、業界全体で新規の労働者確保に苦戦している。厚生労働省の職業安定業務推計によるとトラックドライバーの有効求人倍率は2020年度７月時点で1.83、全職業の0.97よりおよそ２倍も高い数値が出ている。

図表４－10　年齢構成

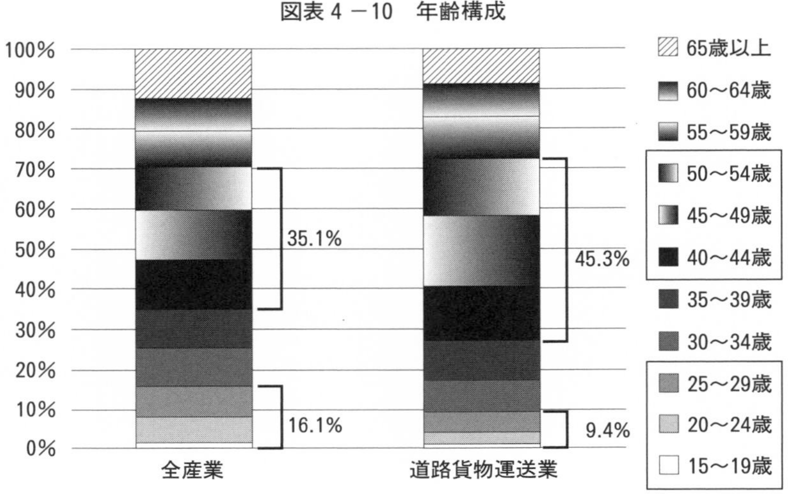

出典）国土交通省『トラック運送業の現状と課題について』p.1

道路貨物運送業と全産業平均の年齢構成は上記のようになっている（図表４－10）。全産業との比較で、40歳から55歳の割合が10％ほど高く、15歳から29歳までの年代が７％ほど低いことが分かる。平均年齢についても全産業が42.2歳なのに対し、大型のトラックドライバーが47.5歳、中小型が45.4歳であり、プラス３～５歳差ある。

現状でも新規参入が少ない中で、若者の雇用促進が課題となるが、人口減少社会の中でそれでも人手不足で賄えなくなることは明らかである。宅配数の増加に対し、労働力が足りないというのであれば、積極的に今あるまたは発展していく技術を導入し、労働力不足を補塡するほかない。

トラックドライバー不足に加え、地方地域には宅配の非効率

図表４－11　宅配サービスにおける過疎地域と輸送効率の比較[10]

地　域	トラック 走行距離	トラック 台数合計	荷物個数	荷物一つあたりの トラック走行距離
過疎地域	約34万（km/月）	約100（台/月）	約30万（個/月）	約1.2（km/個）
都市部	約37万（km/月）	約350（台/月）	約160万（個/月）	約0.2（km/個）

出所）国土交通省　過疎地域における公共交通確保・物流効率化の現状と課題参照
著者作成

化も課題となる。

国土交通省によると、荷物１つ当たりのトラック走行距離は都市部と過疎地域では約６倍もの開きがある（図表４－11）。近年、過疎地域への宅配は地域の鉄道会社と連携し、貨客混載輸送を実施している地域もある。しかし、鉄道の最寄り駅に到着し、目的地に向かう「ラストワンマイル」はタクシーやトラックに貨物を積載している。全トラック輸送よりはドライバー運転時間を省力化できるものの、さらに効率化する仕組みを検討する余地がある。

４．宅配業務の特徴

宅配サービスの一般的な流れはこのようになっている（図表４－12）。まず発荷主は宅配便サービスを行う事業者の営業所に発送したい貨物の集荷を依頼する。集荷された貨物は営業所からトラックターミナルに運ばれる。トラックターミナルは各地域の中枢的存在であり、営業所から運ばれた貨物はここで目的地別に仕分けをされる。目的地別に仕分けをされた貨物は幹

図表4－12　宅配サービスの基本的な流れ

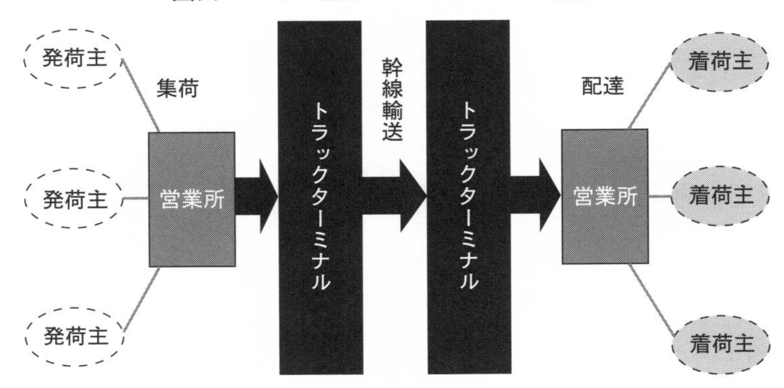

出所）斉藤実　物流ビジネス最前線参照　著者作成

線輸送にて目的地に一番近い別のトラックターミナルへと運ばれ、また営業所を経由し、着荷主の元へ届けられる。

社会の血流ともいわれる宅配含む物流業界は、全国各地に大小さまざまな拠点を設けることにより、各社独自のネットワークを構築し、スムーズな配送を実現している。

ラストワンマイルは「顧客に物・サービスが到達する最終の接触点」であり、図4－12の中で示すならば営業所と着荷主の間のことである。ここに着眼点を置いた理由は、宅配の中で最も不確定かつコストのかかる工程であるからだ。トラックターミナルから営業所までというのは幹線輸送であろうと支線輸送であろうと、決まった時刻にまとめて貨物を輸送することができる。しかし、各顧客の指定した住所や時間帯に届けるラストワンマイルは効率化や人件費などのコストカットがしにくい。宅配の課題としてあがるのもその多くがラストワンマイルに関わるものである。特に過疎地域では前節、前々節の課題が明らかとなっている点においてより議論されるべきである。

第2章 ドローン

1．ドローンの登場

ドローンとは無人飛行機[11]の一種であり、日本の航空法においては「人が乗ることができない飛行機、回転翼航空機、滑空機、飛行船であって、遠隔操作又は自動操縦により飛行させることができるもの」と定義されている。機体のブレード数[12]や、重さも数百グラムから数十キロのものまでさまざまであり、使用用途によって選択することとなる。

当初、第二次世界大戦の軍事用目的で開発・試用されたドローンは、2000年頃からイラク戦争などで実戦使用された。また昨今の技術進歩により、今日も軽量化などの改良がされている。

現在ドローンの使用目的は大きく３つに分かれている。軍事用、ホビー用、産業用である。軍事用はドローンが当初開発された目的のものである。次にホビー用は軍事用ドローンが派生してできたものであり、子供のおもちゃや、大人の趣味の用途である。産業用ドローンは産業の業務を効率化するために使用する。現在ドローンの応用を考えているのは、主に点検、測量、警備、空撮、農業、物流といった業務分野である。

また、ドローン産業分野で導入した後、移動、輸送に関わる革新的なサービスが登場することを「空の産業革命」と呼ぶ。

日本においても「空の産業革命」に関するさまざまな取り組みを各官公庁が中心となって実施している。また、2021年６月28日に行われた小型無人機等に係る環境整備に向けた官民協議会により、今後の方針を記した「空の産業革命に向けたロードマップ[13]」が公開されている。

２．飛行技術

まず、ドローンは以下の５つのシステムから構成されている。

①機体システム：主にアームとスキッド（脚）から構成される。プロペラガードやパラシュートなどの安全装備も含む。

②推進システム：プロペラ、プロペラを動かすモーター、ESC（電子スピードコンピューター）、バッテリーから構成される。すべてのシステムのなかで、飛行距離、対空時間積載量など飛行性能に一番に関わる重要なシステム。消耗が早い部位でもあるため、一定期間での点検と交換が必要。

③制御システム：オートパイロットや、GPSレシーバー、フライトレコーダーから成る。ガイダンス（知能意思決定）、ナビゲーション（誘導）、コントロール（飛行制御）の要素から構成され、ドローンの頭脳部分である。

④通信システム：地上の操縦者との送受信を行うシステム。

地上の操縦者との距離は数百メートルから１キロ程度、それ以上の制御距離を実現するためにはアンテナなど一定の設備を要する。

⑤地上局システム：ドローンが飛行中に目視外、目視内関係なく地上で監視を行うためのシステム。ドローンは無人飛行機であるため、有人飛行でいうパイロットの役割を担う。

機体システムと推進システムはドローンの飛行性能に直接関わり、機体システムは軽量化されればされるほど滞空時間やペイロード[14]も大きくなる。

また、制御システムの中のGPSによって飛行経路や着陸位置などが定められるようになり、自律飛行性が高まる。ただし、このGPSは数メートルの誤差があり、昨今ではRTK（リアルタイム・キネマテック）という衛星と地上の基準局からの信号を受信し、位置を誤差数センチにする機能を搭載したドローンも存在する。

用途に合わせて各特徴を持つ機体が開発・改良されており、一概に性能の評価をすることはできない。しかしながら、近年スマートフォンなどの電子機器の発展に伴って、センサーやマイクロプロセッサなどの超小型軽量化が急速に進んでおり、その技術がドローンにも応用されている。技術は確実に向上している。

３．法的規制

ドローン飛行の法的規制は航空法の無人飛行機の飛行に関する基本的なルールによって定められている。

無人飛行機は機体の重量が200g以上の飛行物体を指す。200g未満の重量のものは模型飛行機扱いとなり、無人飛行機に関する規制などは適応されない。空港周辺や一定の高度市場の飛行のみ国土交通大臣の許可等を必要とする規定が適用される。

無人飛行機の飛行に関しては以下のルールが定められている。

①飛行の禁止区域

（A）地表または水面から150m以上の高さの空域

（B）空港周辺の空域

（C）人口密集地区上空の空域

これらは有人飛行機との衝突や落下時の人等に危害が及ぶおそれが高いとして、安全面の措置を講じた上で国土交通大臣の許可を得る必要がある。

図表４－13　飛行規制区域の法改正による変化

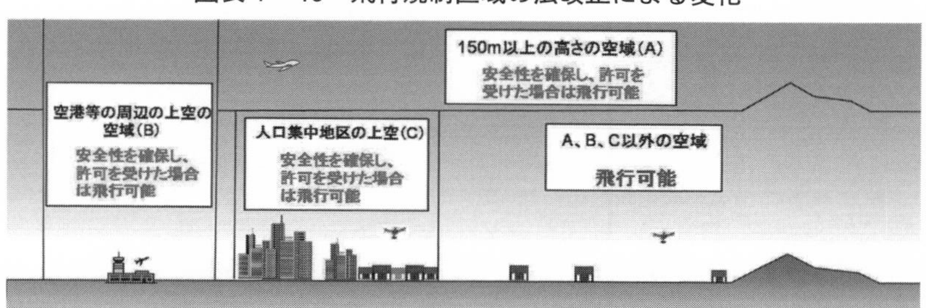

出所）国土交通省航空 局HP[15]より

図表４－14

新制度の操縦ライセンス（一等資格）取得で、飛行可能に！

②飛行方法

飛行させる場所にかかわらず、無人航空機を飛行させる場合には以下のルールに従う必要がある。これらのルールによらずに飛行させようとする場合は、安全面の措置を講じたうえで国土交通大臣の承認を受ける必要がある。

1）日中（日出から日没まで）に飛行させること

2）目視（直接肉眼による）範囲内で無人航空機とその周囲を常時監視して飛行させること

3）第三者又は第三者の建物、車両などの物件との間に距離（30m）を保って飛行させること

4）祭礼、縁日など多数の人が集まる催し場所の上空で飛行させないこと

5）爆発物など危険物を輸送しないこと

6）無人航空機から物を投下しないこと

・許可が必要な例：夜間飛行、目視外飛行、30m未満の飛行、イベント上空飛行、危険物輸送、物件投下

レベル１～２の飛行は①と②のルールに該当していない場合には飛行ごとの許可申請は不要である。レベル３の飛行は飛行ごとの許可申請が必要となる。

有人地帯における目視外での自動飛行（レベル４）は改正前の法律では実現することが不可能であり、国土交通省は2022年度中を目途にレベル４の実現をするべく各審議会での検討、制度整備を進めており、2022年７月にレベル４の明記と運用における規制について法改正を行ったところである。

図表４－15　ドローン飛行レベル

	操縦飛行	自動・自律飛行	
	目視内		目視外
無人地帯	レベル１ 目視内での操縦飛行	レベル２ 目視内での自動飛行	レベル３ 無人地帯における目視外での自動飛行
有人地帯			レベル４ 有人地帯における目視外での自動飛行 法改正により可能

出所）各資料参考　著者作成

第3章 ドローン配送

1．ドローンによる配送方法

ドローン配送については「過疎地域等におけるドローンビジネスモデル検討会」にて導入検討が行われてきた経緯があるが、これは配送や航空など関連するとされている民間企業協力が不可欠である。企業は既存事業の技術知識を活かしつつ、ドローン配送サービスの新規参入を目指している。

参入を目指している業界は物流、航空、通信、保険に多い。例えば、物流は宅配便大手の日本郵便、佐川急便がドローン配達の導入をする方針を強く示している。航空はANAHD、JALがドイツや米国の企業と連携し、機体開発などを行いながら導入の方針を固めている。両者は実際に各地で実証実験を行い、航空法の改正後にサービスとしての実用化する姿勢を示している。さらに通信はKDDIやNTTドコモがLTEを使用した自律飛行をいう観点、また保険は損害保険ジャパンが墜落等のリスクに備えた保険開発の観点から、自治体や前述の物流、航空と連携して参入に積極的な姿勢を示している。

ドローン宅配を実際のサービスとして行うためには、耐久性があり、ペイロードも多く、安定した自律飛行が可能な機体が必要である。

野波によると、ドローン配送を実現するためには以下の機体性能を有する必要がある。

図表4－16　物流用として要求される機体性能

気象条件	・年間300日以上運用できる機体 ・風雨や降雪に強い機体（風速15m/s） ・気温の高低関係なく稼働できる機体
航続距離	30km（15km圏内が往復可能なもの）
積載量	10kg（ペイロード15kg）
落下衝突回避	落下衝突を回避する機能を有する

出典）野波健蔵『ドローン産業の応用のすべて（2018）』p.200

気象条件項目に関しては風速が12m/sまで飛行可能、航続距離が1つのバッテリーに対しペイロード無しだと飛行時間が25分、距離にして25km、上記の積載量基準である積載量10kgだと15分、距離にして15kmである。

これは事例で使用したドローンの性能だけでなく、他のSky Driveなどの物流用を想定した機体もほぼ同様の性能である。ドローン配達をサービス化するうえでは、耐久性や航続距離に関してはさらに技術開発を続けていく必要がある。

2．配送サービスの具現化

ドローン配送サービスが実現化されるためには、機体性能などの技術的課題と航空法の法的課題、それからコストや採算性などの費用的課題に関して考察していく必要がある。

兵藤（2019）[16]では、2018年度に国土交通省が各5カ所で行った実証実験の内容と課題点を挙げ、その解決策を提示している。その中でもドローン物流市場の成立条件として、採算性の確保に言及した項目がある。

3．課題と考察

配達サービスとして導入、運用するうえでは、バッテリーによる航続距離の短さが最も解決するべき課題である。バッテリーが持続し、航続距離が長くなるのであれば、サービスの運用対象地域が広がるうえに安定した稼働にもつながるからだ。

こうしたことを前提に、現在の技術でドローン配達をサービスとして導入する際の施策について考える。まず、配達先のエリアに一定の間隔でドローンステーションを設け、基本的にそこでの離発着をすること。そして、ドローンは複数の地点へ届けるための荷物を一度に積載する。届けられた荷物を受け取りに来た住民が、ステーション付属のバッテリー充電BOXからバッテリー交換を行う。その後、他地点へ飛び立つ。バッテリーは充電BOXへ再び戻し、今度着陸した時に備える。バッテリーの残量などドローン機体の状態は自律飛行管理システム内で遠隔操縦者が常に監視できる体制をとっておくことが非常に重要である。複数機体が同時に運行する際にはなおさら重要になってくる。

技術的課題ですぐ導入を諦めてしまうのではなく、こうした施策でカバーすることで、現段階の技術でも十分にサービス化が可能である。

ドローン配送を本格的なサービスとして導入するのであれば、費用面の課題は考えなければならない点である。兵藤（2019）でも述べられていたように、ドローン配送では送り荷を積むだけでなく、帰り荷を積むことも重要となってくる。ただし、各自治体の特産品を積むといった限られた選択肢にするのではなく、送り荷とは別他社の宅配便や郵便の集荷をするといった生活に密着した帰り荷の多様化が必要である。またそれを実現するにあたり、他社との連携をとる共同物流システムが必要であるとも考える。

さらに、ドローン配送は現時点では飛行費用がトラック輸送より大幅にかかるため、医薬品の輸送も視野に入れたほうがよい。地方の集落では高齢者が増加しているが、診療所や病院が遠いなどといった地域医療へのアクセスが問題となっているケースが数多くある。慢性疾患があり、定期的に診察・薬を貰いに行かなくてはいけない患者は、その都度、遠距離の医療機関に行かなくてはならず、体力的な負担も大きい。この診察をオンライン診療に変えることができれば、負担は軽減する。薬もドローンで迅速に届け、薬剤師からの服薬指導を受ければよいというふうになれば、地域医療の形は大きく変わる。

4．ドローン利用における期待

人口減少社会における買い物難民やドライバー不足は現在も進行中である。一方で物流システムは、社会インフラの一つとして守らなければならない技術であることは間違いない。従来なら、移動手段を支援する、比較的人口が多い地域に引っ越すことや雇用を増加させることが改善の選択肢として挙げられていた。しかし、ドローン技術は自律飛行による配送で新しい選択肢をつくり上げようとしている。

物流でも小口貨物、特に宅配は、モノを届ける時や場所が不定期で、効率化しにくい要素が多い分野である。ただし、運ぶモノの重量が比較的小さい分野でもある。

ドローンは運ぶことができる重量こそ大きくはないが、陸上に敷かれた道を気にすることなく、上空で離陸地点と着地点を結ぶことができる。

利用者の便利性とドライバー側の負担軽減、特にドライバーのほうにも雇用のデメリットはなく、ドローン配送は両者の課題解決には有効な手段だといえる。

ドローン配送については技術的課題、費用的課題、法的課題、現在大きく３つの障壁がある。この課題にはそれぞれ３つの案を提示した。

まず技術的課題について、機体性能はそのままに効率よくサービスを行ううえでは各着陸地点でのバッテリー交換ができるような設備が必要である。バッテリーを荷物の受取人が交換することにより、航続距離を伸ばすことができる。そのうえで、より広範囲なエリアへ一度にモノを運ぶことができるからだ。

次に費用的課題について、現在はあまり議論がされていないが、サービスの収益化をするためには集荷などの「帰り荷」が必要不可欠となる。また配送品目では、比較的軽量で高価の医薬品配送も視野に入れるべきである。

さらに、法的課題についてはドローン配送にとって2022年航空法改正がされたことにより、今後、免許の取得について官民挙げて取得に向かうことが考えられる。ドローンは今後、自律飛行を確実なものとし、ゆくゆくは複数の機体が飛行しても問題がないような飛行管理システムの構築を目指すことが期待されている。

このように、地域物流においては、ドローンがドライバー不足を、ないしドライバーの負担を補うという新しい物流の形が完成する。ドローン配送がこれからの人口減少社会の物流の問題を解消する手段の一つになることは間違いない。

【注】

1　高速バス、定期観光バスは除く。出所：国土交通省自動車局

2　国土交通省自動車局発表資料、バス事業者の赤字割合より

3　国土交通省鉄道局調べ、地域鉄道事業者95社への調査によるもの。

4　三大首都圏（東京、名古屋、大阪）を除く地方圏

5　食料品アクセス困難人口
https://www.maff.go.jp/primaff/seika/fsc/faccess/table01.html

6　国土交通省宅配便取扱実績より、航空等利用運送を含む宅配便合計のデータを参照した。
日本郵便㈱については、航空等利用運送事業に係る宅配便も含めトラック運送として集計している。（国土交通省、宅配便取扱実績資料注釈より）

7　地域生協：宅配や店舗の事業を通じて商品やサービスを提供する、地域を活動の場にする生協

8　2019年時点での会員数

9　男女平均の月額賃金の平均推移である。

10　民間物流事業者Ａ社のデータを元に国土交通省が作成。過疎地域は過疎地域自立支援促進特別措置法に基づく地域から選定。

11　航空法における無人飛行機はドローンの他にもラジコン機や農業用散布ヘリコプターなどが該当する。

12　プロペラの羽根の数

13　空の産業革命に向けたロードマップ
https://www.kantei.go.jp/jp/singi/kogatamujinki/kanminkyougi_dai16/siryou4.pdf

14　積載量

15　無人飛行機の飛行禁止空域と飛行の方法
https://www.mlit.go.jp/koku/koku_fr10_000041.html

16　兵藤（2019）
https://www.jstage.jst.go.jp/article/iatssreview/44/2/44_132/_pdf/-char/ja

参考文献・参考URL

斉藤実（2016）『物流ビジネス最前線』光文社新書
野波健蔵（2018）『ドローン産業の応用のすべて』
石川和幸（2018）『エンジニアが学ぶ物流システムの「知識」と「技術」』
国立社会保障・人口問題研究所「日本の将来推計人口（平成29年推計）」
http://www.ipss.go.jp/pp-zenkoku/j/zenkoku2017/pp29_gaiyou.pdf
内閣府　人口急減・超高齢化の問題点
https://www5.cao.go.jp/keizai-shimon/kaigi/special/future/sentaku/s2_3.html
https://www8.cao.go.jp/shoushi/shoushika/meeting/kokufuku/k_1/pdf/ref1.pdf
総務省　過疎地域の持続的発展の支援に関する特別措置法
https://www.soumu.go.jp/main_sosiki/jichi_gyousei/c-gyousei/2001/kaso/kasomain0.htm
総務省　地域・地方の現状と課題
https://www.soumu.go.jp/main_content/000629037.pdf
過疎地域の国土面積割合
http://www.kaso-net.or.jp/publics/index/19/
「食料品アクセス問題」に関する全国市町村アンケート調査結果
https://www.maff.go.jp/j/shokusan/eat/access_genjo.html#enquete
国土交通省　宅配便取扱実績について

https://www.mlit.go.jp/report/press/jidosha04_hh_000222.html
経済産業省　電子商取引実態調査
https://www.meti.go.jp/policy/it_policy/statistics/outlook/ie_outlook.html
総務省　情報通信白書
https://www.soumu.go.jp/johotsusintokei/whitepaper/ja/r02/html/nd252110.html
内閣府　高齢社会白書
https://www8.cao.go.jp/kourei/whitepaper/w-2021/gaiyou/pdf/1s1s.pdf
全日本トラック協会　トラック運送業界の景況感
https://jta.or.jp/member/chosa/keikyo.html
厚生労働省　賃金構造基本統計調査
https://www.mhlw.go.jp/toukei/list/chinginkouzou_a.html
国土交通省『トラック運送業の現状と課題について』資料
https://www.maff.go.jp/j/seisan/sien/sizai/s_hiryo/attach/pdf/200114_5-16.pdf
国土交通省『過疎地域における公共交通確保・物流効率化の現状と課題』資料
https://www.soumu.go.jp/main_content/000638151.pdf
兵藤（2019）
https://www.jstage.jst.go.jp/article/iatssreview/44/2/44_132/_pdf/-char/ja
過疎地域等におけるドローン物流ビジネスモデル検討会
https://www.mlit.go.jp/seisakutokatsu/freight/seisakutokatsu_freight_tk1_000191.html

付録　持続可能社会創生への試み

1．盛岡市

ここでは、筆者が具体的に取り組んでいる事例について述べる。いずれも人口減少、高齢化、若者の流出などの課題に対するアプローチである。2019年２月、盛岡市と文京区は友好都市提携を結び、その関係で文京区学生とでつくるアグリイノベーション事業として文京区内の大学に共同研究依頼を行った。2021年より東京大学、跡見学園、拓殖大学、東洋大学の４つの大学がそれぞれに違うテーマで共同研究を開始している。筆者は当該受託研究を受けたため、調査テーマを「新規就農の農業経営体から見る多角化経営の分析と将来展望について」とし、盛岡市で起業をされた菊地氏のいちご園を研究対象として、３年間研究を行うこととなった。農業をやらない若者が増えて、現在、廃業も進み食料自給率はさらに下がっている。若い起業家の農業分野での成功は、こうした問題に直結する。

研究対象農家でイチゴ栽培を予定するイチゴの品種「すずあかね」とは一般的なイチゴがつくれない夏どりの品種として、主に製菓店など業務用として栽培出荷されている。そのため、一般のスーパーではあまり流通していない。特徴は外見の大きさや色、それに香りとさわやかな酸味がはっきりしていて、おいしいと感じられるほど甘味もあるので、生クリームと合わせるような菓子の材料に最適。主な産地は北海道をはじめ、岐阜県や長野県、東北地方など各地で栽培されている。収穫時期と旬は６月上旬あたりから早やどりイチゴが出始める11月初旬あたりまで収穫出荷されている。問題は、知名度が低く、甘みが弱い。コストパフォーマンスも低く、付加価値の向上が必要であり、特にオンライン販売を考えていないということが、聞き取り等の調査から判明した。

そこでまず「すずあかね」の付加価値を高めるためにレシピコンテストの提案を行った。

東洋大学澁澤ゼミナールの学生は総数、約60名おり、ほぼ全員がエントリーを行った。集積されたレシピの数々は、１次審査として東洋大学、盛岡市でそれぞれ複数の審査員が入って複数項目について審査を行い点数化した。以下は盛岡市で行われた最終審査の様子である。

資料１（盛岡市で行われた最終審査の様子）

このコンテストで優勝した作品は、以下のように商品化が決定し販売された。

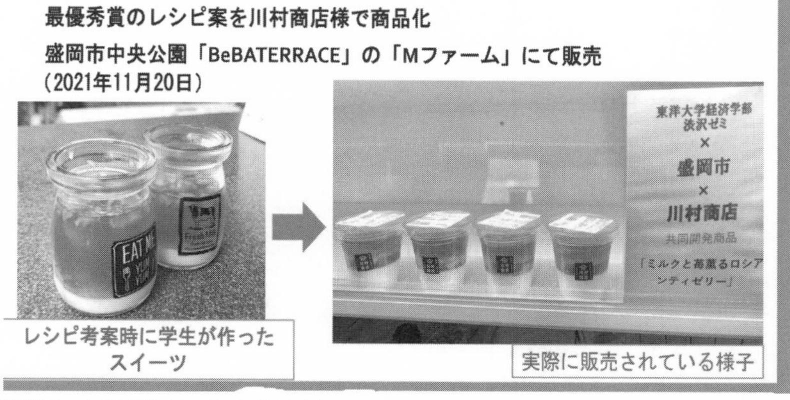

資料 2 （川村商店による商品化）

さらにレシピ集は、以下資料 3 であるようにアマゾンで出版を行った。

資料 3 （アマゾンでの出版）

次にすずあかねのキャラクター制作を行い、パッケージに貼り付けてオンライン販売を経営者の菊地氏に提案した。

こうした内容は以下のように地元新聞で大きく報道されることとなり、地域での反響が広がった。

岩手日報　2022年(令和4年)8月31日(水曜日)

盛岡県北

夏イチゴ 甘く広がれ

盛岡・玉山うるおい園

東洋大生 スイーツ考案

知名度向上、農業振興へ

カーリング 全国Vを報告

いわてCA 市長表敬

県央ブロックごみ処理広域化 事務組合、来年2月設置へ

地域の魅力

資料4（岩手日報　2022.8.31）

また当初、オンライン販売について懐疑的であった菊地氏は、以下、資料（個人のブログ）であるようにオンライン販売を行うこととなった。

資料５（菊池氏のブログから）

研究委託を受けての２年目に当たる2022年度についても同様にレシピコンテストを実施して、米国のフロリダにあるレストランで、送付された優秀賞レシピが商品化され、国境を越えたレシピとして反響をよんだ。

資料６　米国フロリダのレストラン「Happy Salmon」評価4.6

このいちご園の広報活動として、舞台にしたオーディオブック制作に取り組み、現在ではシーズン１からシーズン５までが盛岡市公式Youtubeで公開されている。

資料７（盛岡市公式Youtube）

2023年度は規格外いちごの再利用法提案など予定して進めている。経済学部の小さいゼミナールでもわずか２年程度でここまでの取り組みが行える。参加した学生は現地訪問を繰り返すなど大きな経験を手にして、自信に満ち溢れている。コロナ感染拡大という未曽有の時期により多くの活動が枯渇している時期だからこそ、余計に意義は大きいといえよう。

2．魚津市

富山県魚津市とは、2021年４月から産業振興課の職員の方々と共同研究に取り組んでいる。東洋大学の窓口は、付置研究所の「現代社会総合研究所」が担当しており、共同研究に伴う多くの事務活動を補助してくれている。内容は特産品の販売促進に繋がる戦略的プランの実施である。魚津市の特産品である「ホタルイカ」の付加価値を向上させるねらいでレシピコンテストを実施した。内容は複数の報道機関が報道している。

佐々木さん「春巻き」最優秀

市・東洋大企画 ホタルイカ料理 魚津丸食堂 提供

【魚津】魚津市が東洋大と企画した「ホタルイカレシピコンクール」の最終選考会が22日、同市港町の魚津漁協直営「魚津丸食堂」で開かれ、同大2年の佐々木真太郎さんが考案した「ホタルイカの春巻き」が最優秀賞に選ばれた。レシピは商品化され、本年度中に同食堂の期間限定メニューとして提供する。

【webunに写真3枚】

魚津市は昨年度から地方創生提案事業の一環で、同大経済学部の澁澤健太郎教授ゼミと連携している。本年度は、学生から市特産ホタルイカを使った創作料理を募集。26案が寄せられ、同大教員や市職員が1次書類審査を行った。

最終選考会では最優秀賞に輝いた春巻きをはじめ、1次審査を通過した「ピリ辛・ホタルイカ炒飯」「ホタルイカソース・ペースト」「ホタルイカと大葉のオイルパスタ」「ホタルイカの海鮮チヂミ」が並んだ。

村椿晃市長や浜住博之魚津漁協専務理事、早川隆幸魚津飲食業組合長の審査員3人が試食。澁澤教授や学生がリモート参加で見守る中、味や見栄え、独創性、普及性などを評価した。

全会一致で最優秀賞に選出した春巻きは、ゆでたホタルイカを丸ごと包んだ一品で、市長は「洗練された味で食感が良かった」と講評した。

▽優秀賞＝海鮮チヂミ（三ツ石結奈）、炒飯（飯野健人）

ホタルイカ創作料理5品を試食する村椿市長（中央）ら審査員

資料８（北日本新聞　2021.9.23）

翌年の富山グルメ誌にも紹介されている。

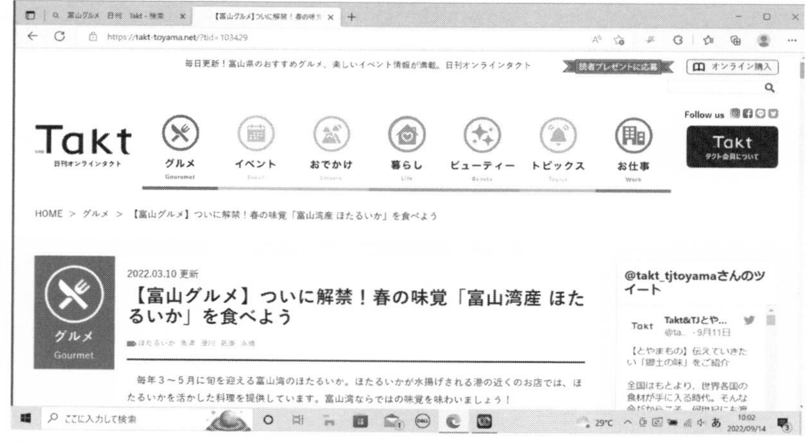

資料９（富山グルメ誌　Takt）

　また魚津市で新設されたSDGs課と共同研究を実施した。持続可能な開発目標は、2015年９月25日に国連総会で採択された、持続可能な開発目標のための17目標である。澁澤ゼミナールでは「教育」を取り上げて盤上で遊びながらSDGsを学ぶすごろくを作成して、公民館などでの利用を提案した。またこの際には東洋大学経済学部総合政策学科の久米ゼミナール、井上ゼミナールもそれぞれ提案を行っている。

北陸中日新聞　2022年（令和４年）1月20日（木曜日）　【富山】　12

魚津市と連携する東洋大（東京都文京区）の学生が19日、市役所と同大などをオンラインで結び、市が取り組むべきだと考えるＳＤＧｓ（持続可能な開発目標）事業を提案した。すごろく作りや魚の絵の展示などのアイデアが出され、市は今後、学生たちと協議して実現を目指す。　（松本芳孝）

魚津市SDGs 東洋大生提案

すごろく作りや魚の絵展示など

同大経済学部総合政策学科の渋沢健太郎教授、井上武史教授、久米功一教授の各ゼミに所属する二、三年生が、半年かけて考えた事業を市未来戦略室の担当職員三人に発表した。

渋沢ゼミの学生は、すごろくを使った小学三・四年生対象の教育プログラムを提案。航空写真などを基にすごろくのボードを作り、市内の名所とSDGsの関連性を示したり、クイズを出題したりするマスを連ねる。マスの一部にはQRコードを掲載し、スマートフォンで読み込むとクイズの答えや名所を知ることができる。使用する駒もホタルイカをモチーフにすることなどを説明した。

久米ゼミの学生は、魚津の魚の絵と、どんな海にしたいかのキャッチフレーズを小学生から募集して、展示する案を示した。

市は今年、国連総会でSDGsが採択された九月二十五日を含む一週間の「SDGs週間」で、市民への啓発事業を展開する考え。担当職員は学生に厳しい質問や意見を飛ばしながら、実現の可能性を探った。今後、庁内で事業内容を詰めていく。

東洋大と魚津市役所をオンラインで結んで開かれたSDGs事業提案の発表会＝市役所で

富山

富山支局0076（424）4141
FAX（422）3191
広告（421）2627
高岡支局0766（22）0676
FAX（26）3074
魚津通信局0765（22）0830
FAX（23）9085
砺波通信局0763（32）2678
FAX（32）8070

メール
toyama21@chunichi.co.jp

各種申し込み・問い合わせ

資料10（富山新聞　2022.1.20）

おわりに

2023年２月28日、衝撃的なニュースが報道された。2022年日本国内の年間出生数が80万人を切り、これは戦後最低の数字であるという。この数字は、担当省庁が予測していた推計をはるかに下回っている。10年以上前から囁かれてきた「人口減少」はすでに「消滅国家」を語る局面にきているというほうが、より現実的だ。

くわえてコロナ感染は、未曽有の事態をもたらした。順調であったインバウンドをゼロに、私たちを取り巻く食環境も劇的な転換を余儀なくされ、教育機関のオンライン化は入学式、卒業式などの重要なイベントを中止させ、クラブ活動やサークル、教室でのコミュニケーションの場を失わせた。

混沌とする社会へ希望をもたらすのは、現実的でない人口増加論より、現実的な地域共生論の確立ではなかろうか。

人間シリーズの最初の本にあたる『情報化社会と人間』を出版してから既に10年の歳月がたった。次に『多様性社会と人間』、今回『地域共生社会と人間』と３作目にあたる。出版不況のなか、シリーズ本として３冊の出版ができたのは時潮社の相良智毅氏のご助力によるものであり、筆者を代表して深く感謝したい。

筆者を代表して　　　　　　　　　　　澁澤健太郎

執筆者紹介

澁澤健太郎（しぶさわ　けんたろう）
執筆項目：地域発展とIRの関係、地域共生社会とドローン利用、付録・持続可能社会創生への試み
東洋大学経済学部総合政策学科　教授。東洋大学大学院経済学研究科博士後期課程修了。
情報技術と教育、IR、地方創生などの研究に従事。著書に『Information-情報教育のための基礎知識』（NTT出版、2003年、共著）、『情報化社会と人間』（時潮社、2013年、共著）、『電子書籍のアクセシビリティの研究』（丸善・東洋大学出版会、2017年、共著）、他多数。

伊藤昭浩（いとう　あきひろ）
執筆項目：地域社会と観光―愛知県名古屋市の地域活性化策を事例に―
名古屋学院大学商学部経営情報学科教授。
東洋大学大学院経済学研究科博士後期課程修了、博士（経済学）。東洋大学経済学部非常勤講師を経て現職。情報社会論を専攻。著書に『情報通信技術と企業間取引』（時潮社、2007年）など。

諸伏雅代（もろふし　まさよ）
執筆項目：地域社会と食
駐日在外公館にて商務官。
横浜市立大学大学院医科学研究科修士課程修了。高野山大学大学院文学研究科密教学専攻修士課程修了。東北大学大学院文学研究科総合人間学専攻博士後期課程在籍中。東洋大学経済学部非常勤講師、東洋大学現代社会総合研究所客員研究員。宗教と食の視点から、日本における多様性社会の在り方について研究を行う。著書に『多様性社会と人間』（時潮社、2017年、共著）など。

地域共生社会と人間

地域発展・観光振興・食文化

2023年３月31日　第１版第１刷　　定価3000円＋税

著　者　澁澤健太郎
伊藤昭浩 ©
諸伏雅代

発行人　相良景行
発行所　㈲時潮社
〒174-0063　東京都板橋区前野町４-62-15
電　　話　03-5915-9046
ＦＡＸ　03-5970-4030
郵便振替　00190-7-741179 時潮社
ＵＲＬ　http://www.jichosha.jp
E-mail kikaku@jichosha.jp
印刷・相良整版印刷　製本・武蔵製本

ISBN978-4-7888-0765-5